「多様性」のまやかし

グローバリズムの危険性と持続性喪失の原理

科学者・工学博士
武田邦彦

啓文社書房

はじめに
科学的アプローチで「多様性」のまやかしを払拭せよ

近年、「ダイバーシティ[*1]（多様性）」や「サステナブル[*2]」（持続可能な）が国際社会の重要な共通課題とされています。しかし、そこには数多くの〝まやかし〟があります。本書のテーマはまさにそこにあります。

私は本を執筆する際、この「はじめに」に関してはすべての内容を書き終えてから最後に書く場合が多いのですが、本書に限っては「はじめに」から執筆を開始しようと考えました。

なぜなら、この本で明らかにしようとしていることは、1990年代後半から社会的に大きな問題となった「ダイオキシン騒動[*3]」が象徴的な事例であり、これを「序」としてまずはじめに伝えたいと思ったからです。

ダイオキシン騒動以後、日本社会は大きく変質し、それが最終的には私たちの生活を脅《おびや》かしています。現在の地球温暖化問題や国際情勢、また経済的な課題に関しても、私たちが何か落ち着かず、不安な気持ちを持って生活している一つの原因は、このダイオキシン騒動にあります。

1990年代後半から2000年代前半まで、地上波テレビでは連日、ダイオキシンの毒性についての報道が重ねられていました。「朝日新聞」を中心とした大手新聞も、「ダイオキシンは、人類が作り出した最強の毒物である」かのような報道していたのです。

私の専門分野でもある原子力や材料工学などの分野でも、多くの学者がダイオキシンの研究をするということで、国から研究費用を取り、論文を書いたりしていました。

私自身も「ダイオキシンについて無関心ではいられない」と思い、当時ベストセラーになっていたダイオキシン関連の本を何冊か読んでみました。すると驚くべきことに、それらの本には人間に対する毒性データがありませんでした。

それなのに動物だけのデータにもかかわらず、毎日のようにテレビや新聞では、ダイオキシンの人体への悪影響ついて報道されていたのです。

１９９９年、テレビ朝日「ニュースステーション」で、埼玉県所沢市の焼却場から発生したダイオキシンによって近くの野菜が汚染されているという報道がされました。これにより所沢産の野菜の不買運動などが起こり、これが社会問題にもなりました。この報道を風評被害として、地元生産者がテレビ朝日を相手に訴訟を起こし、最高裁判所で判決が下され、最終的にはテレビ朝日の誤報とされました。

１９９０年代後半に大きな社会話題になり、２００を超えるダイオキシンの毒性に関する論文が発表されましたが、２００４年以降はダイオキシンに関する報道はなくなりました。

そして、２００４年から現在までの約20年間、世界ではダイオキシンの毒性による被害の報告はほとんどありません。

科学的な根拠が希薄な状況下で、ある一定期間「社会がダイオキシンを猛毒にしてしまった」ということです。

ダイオキシン騒動は、多くの日本人が不安に思ったばかりではありません。巨額の税金を使い工業用焼却炉を改造したり、家庭用焼却炉の使用が禁止されたり、野焼きが禁止されたりと、社会的にも非常に大きな変化を強《し》いられることになりました。

日本中を騒がせたこの問題が、科学とは完全に無関係であったということがわかっても、誰も総括することをしない、できない……。これが現在、日本人が抱える大きな問題の一つです。

この騒動以来、我が国では「科学的に間違っていること」、また「のちに間違いが判明したこと」に対して誰も修正できないという、極めて歪《いびつ》な社会になってしまったのです。

この現象は、日本だけではありません。

多様で持続可能な社会とは、科学的なアプローチで達成すべきものです。しかし今の国際社会では、科学的なデータが都合よく利用され、本質とはかけ離れた政策が実行されています。

また、欧米流の「力が正義の思想」が、世界全体の多様性や持続性を失わせるとともに、社会的な道徳性や規範さえ崩壊させています。

彼らが提唱する多様性や持続性は〝まやかし〟にすぎません。このようなまやかしに騙されないためには、科学的な思考が不可欠です。

そして、何か間違いがあった場合には、その都度、原因を追究し、自由に議論し、科学的な手法で改善していく必要があります。

この姿勢こそが、本当の多様性であり、持続可能な社会をつくる礎《いしずえ》となるのです。

本書では科学的な知見から、環境問題やサステナブル政策の欺瞞、そして欧米主体のグローバリズムの危険性を解き明かしていきます。

実は、現代は長い人類史の中で、産業革命以来の大きな変革期を迎えています。

ＡＩ革命によって、多様性のまやかしが払拭《ふっしょく》され、日本古来の「自然が正義」の思想が再び息を吹き返すことでしょう。

武田邦彦

「多様性」のまやかし

グローバリズムの危険性と持続性喪失の原理

【目次】

第2章　環境問題を利用する人々

第3章 「地震」を理解し、正しく恐れる

第4章

気候変動から日本をどう防衛するか

第2部　AI革命による、持続可能な社会

第5章　なぜ自由と平等の世界が実現しないのか

第6章 多様性を阻む、グローバリズムの危険性

第7章

時に、人間社会は劇的に変化する

第8章 「力が正義」の世界が覆る近未来

第1部

環境問題の不都合な真実

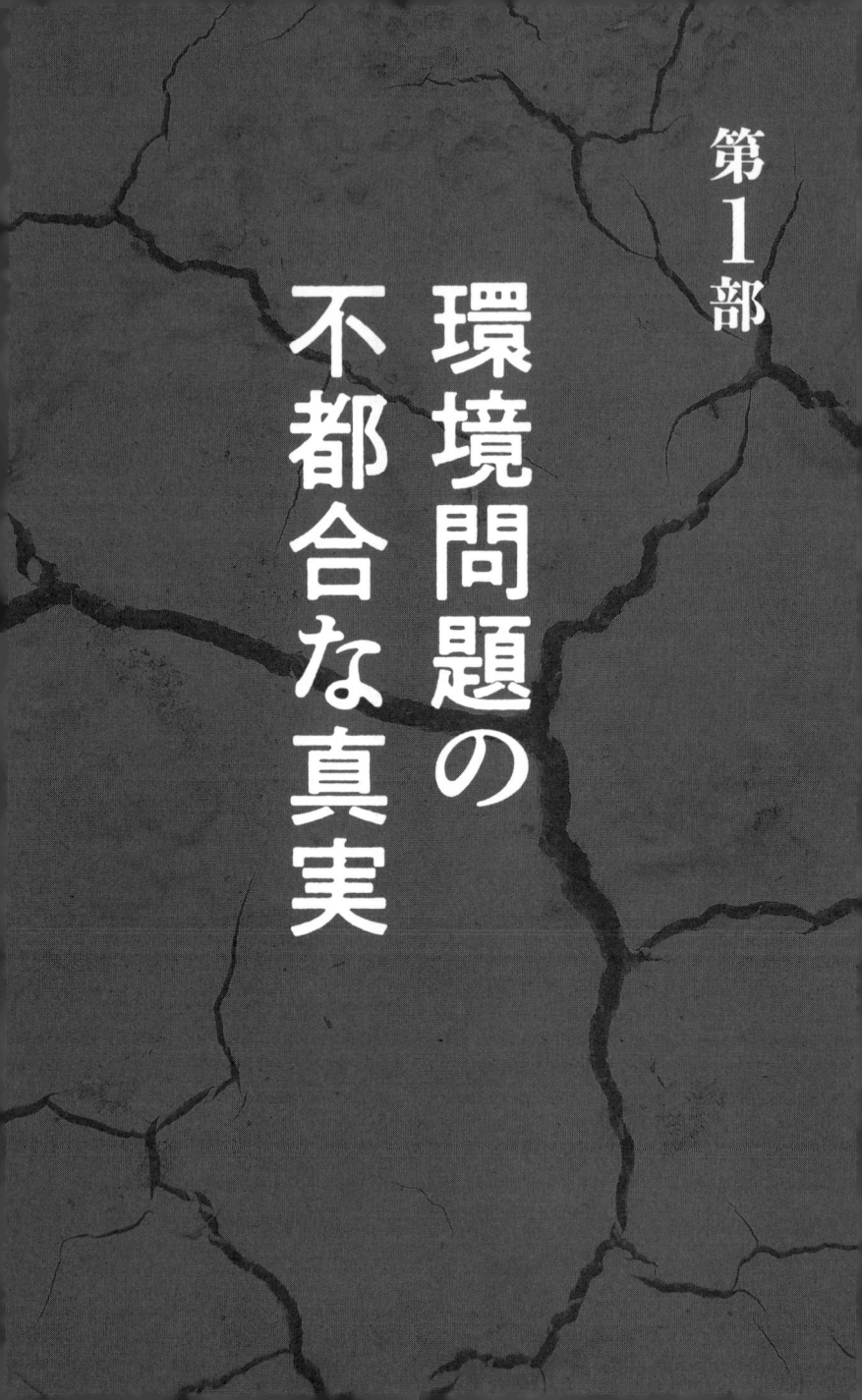

第１章

地球は「温暖化」と「寒冷化」を繰り返している

3000年間で地球の気温はどう変化したか

「多様性があり、持続可能な社会を目指す」ことが叫ばれている昨今、〝地球温暖化の問題〟が最重要案件となっています。

一般的に、産業革命以降、大気中の二酸化炭素（CO_2）の濃度が急上昇してきているとされ、それは経済活動によるCO_2の排出量の急増が原因と見なされています。さらに、これに伴い世界の平均気温も上昇傾向にあり、このまま上昇し続ければ2100年には最大で5・7℃上昇するという予測もあります。

このような一般論には科学的な誤解が多分に含まれているのですが、まず「地球温暖化」を論じる上での大前提として、地球が現在までにどのような温度変化をしてきたか――を基礎知識として知っておく必要があるでしょう。

例えば「北大西洋の海水面温度」を見てみると、紀元前1000年から西暦2000年の3000年間の気温は上がったり下がったりしていますが、現代（2000年初頭）の気温は、この3000年間の平均値よりやや低いということになります（次ページの図1参照）。

西暦300年頃に底を打ち、そこから1000年に至るまで、地球の気温は現在と同じような状態で上昇しています。もちろん当時は、人間が石油や石炭、天然ガスなどを使っていたわけではありません。CO_2が増えたから、気温が上昇したわけではないのです。

「中世温暖期[*4]」（10〜14世紀）は現在よりも温かく、日本では「寝殿造り」という、家の外側に廊下があるような建築様式も出てきます。雪が降るようなところでは外側にある廊下は使えなくなりますし、このような風通しの良い建築様式ができたということは、当時の気温がかなり高かった証拠と言えます。

また、現在のオホーツク海は冬に流氷が来ますので海産物がとれなくなりますが、遺跡などから中世温暖期には、冬でもオホーツク海で海産物がとれたと考えられています。

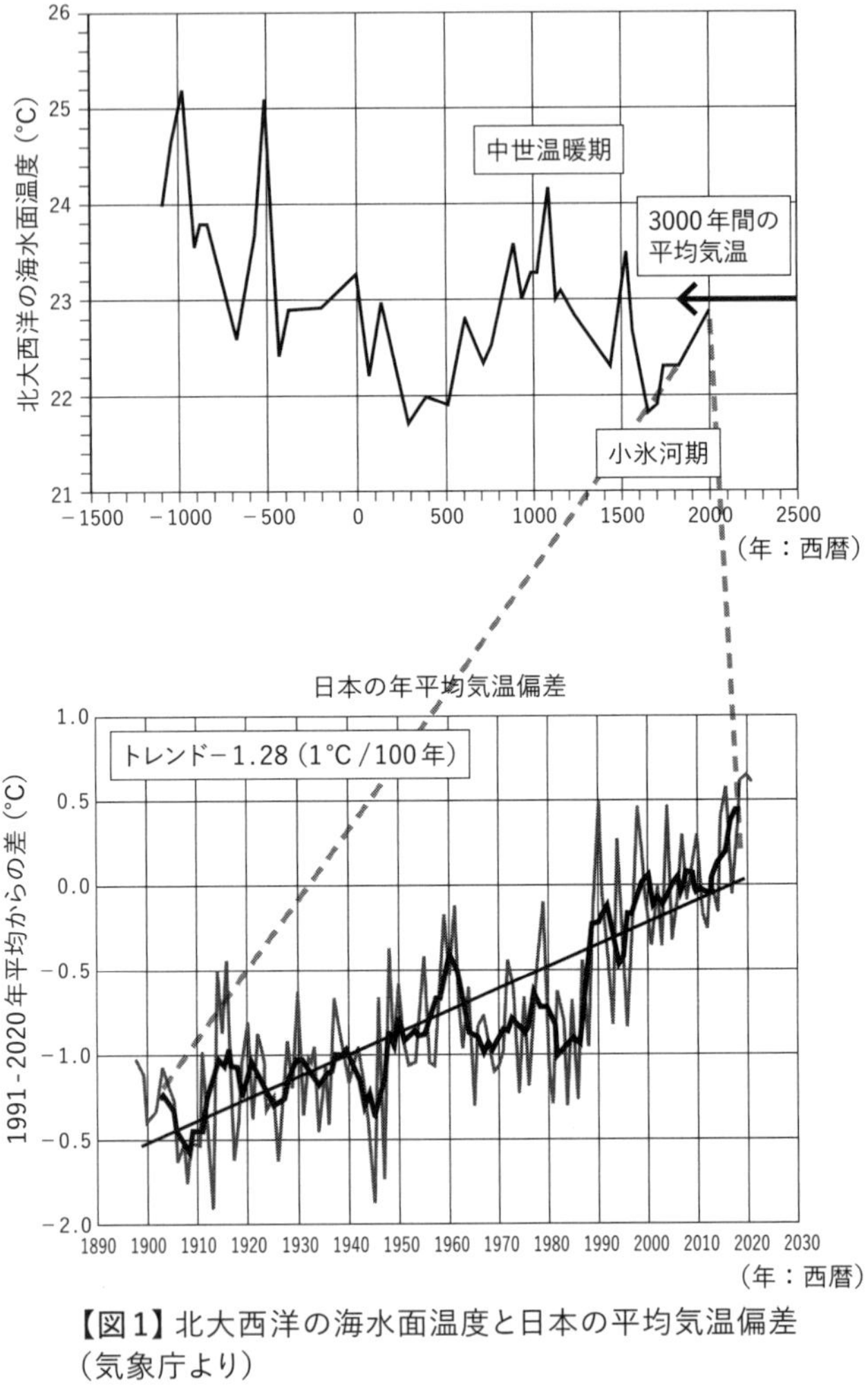

【図1】北大西洋の海水面温度と日本の平均気温偏差
（気象庁より）

中世ヨーロッパでも北海が温かくなり、海氷がなくなっていったので、海へ船で乗り出すことができるようになります。グリーンランドやアイスランドが発見されたり、人がそこに住むようになったりしたのはこの時期になります。

ヨーロッパのアルプスでは、寒冷化すると雪が山裾まで積り、凍るので、山小屋は標高の低いところに設置されます。反対に、温暖化すると氷が少しずつ山頂の方向に溶けていくので、山小屋は標高の高いところに設置されるようになります。山小屋の位置をみれば、その時代の気温がわかるのです。

こういった歴史的な事実から、中世は暖かかった時期だったことがわかりますが、さらに詳しい温度の変化も科学的に算出できます。

例えば、南極の氷をボーリング（掘削）して、円筒状の氷の柱を切り出し、円筒状の上から下へ順番に酸素の同位体を調べることにより、過去にさかのぼって気温を推定するという方法もあります。

中世温暖期を過ぎると、だんだん気温が下がり「小氷河期」[*5]（14世紀半ば～19世紀半ば）に入ります。

17世紀半ばでは、スイス・アルプスの氷河が徐々に低地へと広がり、谷筋に広がる農場を飲み込み、村全体を押し潰していきました。1780年の冬にはニューヨーク湾が凍結し、マンハッタンからスタテンアイランドまで歩いて渡ることができたといいます。

この頃の日本では、天明の大飢饉[*6]（1782～1788年）などの飢饉が続きます。寒冷化を原因とする農村での一揆の頻発は、幕藩体制を揺るがしました。

現在、多くの人が「温暖化は怖い」と思っているようですが、歴史的に言えば「寒冷化のほうが怖い」のです。寒くなると、人間は住むことさえ困難になります。そして、作物がとれず、ウイルスも増えやすいので、早死にする人が増加するのです。

19世紀半ばから地球の気候は温暖化に転じており（小氷河期はこの時点で終了）、現在まで気温は上昇を続けています。それでも、平安時代並みの気温になるにはあと100年以上はかかるでしょう。

安易にデータやグラフを信用してはいけない

地球温暖化問題の一つに、環境団体やマスコミが「今だけ特別に暑くなっている」と錯覚させていることが挙げられます。

前掲のグラフでもわかるように、3000年という時間軸でみれば、現在は平均以下の気温です。ところが、彼らは直近の百数十年間だけを見て「地球温暖化」と騒ぐのです。いわゆる「切り抜き」報道です。

とはいえ、切り抜き報道ならまだマシと思えるくらい酷いまやかしがあります。次の図2のグラフは、1980年代に発表された「ホッケースティック曲線」です。これが発表されたとき、私は驚きました。

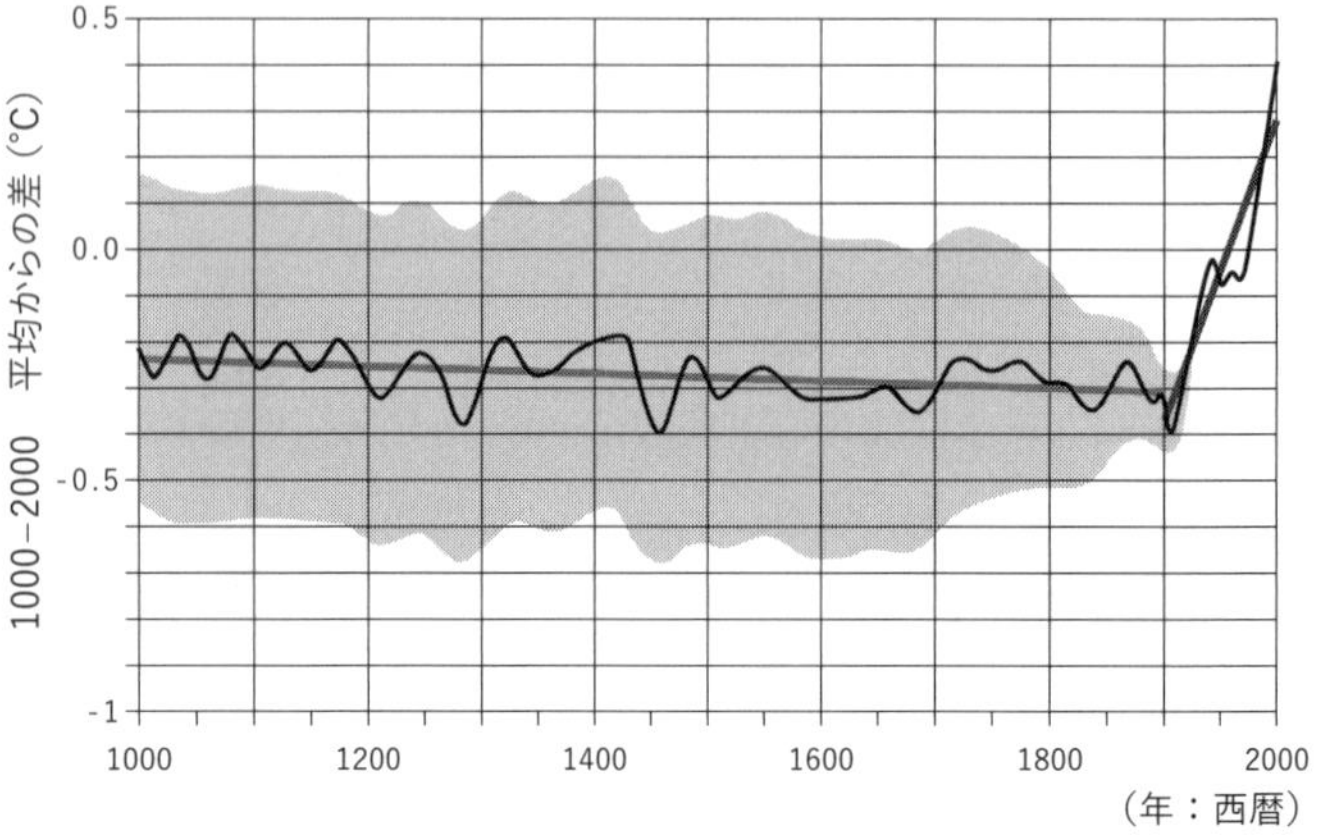

【図2】「20世紀の気温の急上昇」を表す「ホッケースティック曲線」

西暦1000年から2000年までの1000年間の地球の気温変化を表しているグラフなのですが、1900年まではほとんど気温が変わらず、以降の100年だけ急激に気温が上がっています。

このグラフは、古気候学者のマイケル・E・マンが木の年輪から過去1000年以上の気温変化を見積もったものです。このグラフは過去の気温変化が19世紀以降に急激な上昇カーブを示していたため、「ホッケースティック曲線」と呼ばれるようになりました。

その結果、マンはIPCC（気候変動に関する政府間パネル）の第三次報告書の主要な書き手の一人に選ばれます。

彼の再現結果は、今世紀の気温上昇が人為的であることを示す有力な証拠の一つともなり、IPCCをはじめ様々な分野で何度も引用されることになったのです。

しかし、その気温変化を見積もるために用いられたデータのいくつかの記述は間違っており、また観測精度の誤差も修正していました。この表記の間違いや誤差の修正を改竄《かいざん》だとして批判する者が現れ、スキャンダルとなったのです。

先の「北大西洋の海水面温度」でみたように、この1000年間には中世温暖期があり、それから小氷河期があり……と、地球の気温はかなりの幅で上下しています。CO_2の増加だけが気温上昇の原因だとは言い切れません。

科学的にみても間違った式で計算したものなのですが、国際機関のIPCCはこれを採用しました。このグラフによって、「人間社会が発展し、CO_2が増え、温暖化が加速する」というまやかしが広まったのです。

マイケル・E・マン

1965年生まれ。アメリカの古気候学者、地球物理学者。他の研究者とともに「ホッケースティックグラフ」と呼ばれる過去1000年間の気温記録を作成し、歴史的な気候変動を研究している。
(写真はWikipediaより)

21世紀は未だ「氷河時代」である

地球の気温変化をもう少し長いスパンで考えていきましょう。

地球が誕生したのは約40億年前です。生物が誕生したのは約7億年前で、霊長類が誕生したのが約6500万年前です。ここでは、霊長類誕生以降の地球の気温変化を見ていきます。

約6500万年前に「新生代」[*7]という新しい時代に入り、哺乳動物が活躍し始めます。

哺乳動物が活躍したということは、この時代に気候の変化があったと考えられます。

学問的には議論がありますが、恒温動物[*8]とされる哺乳動物のほうが変温動物より急激な

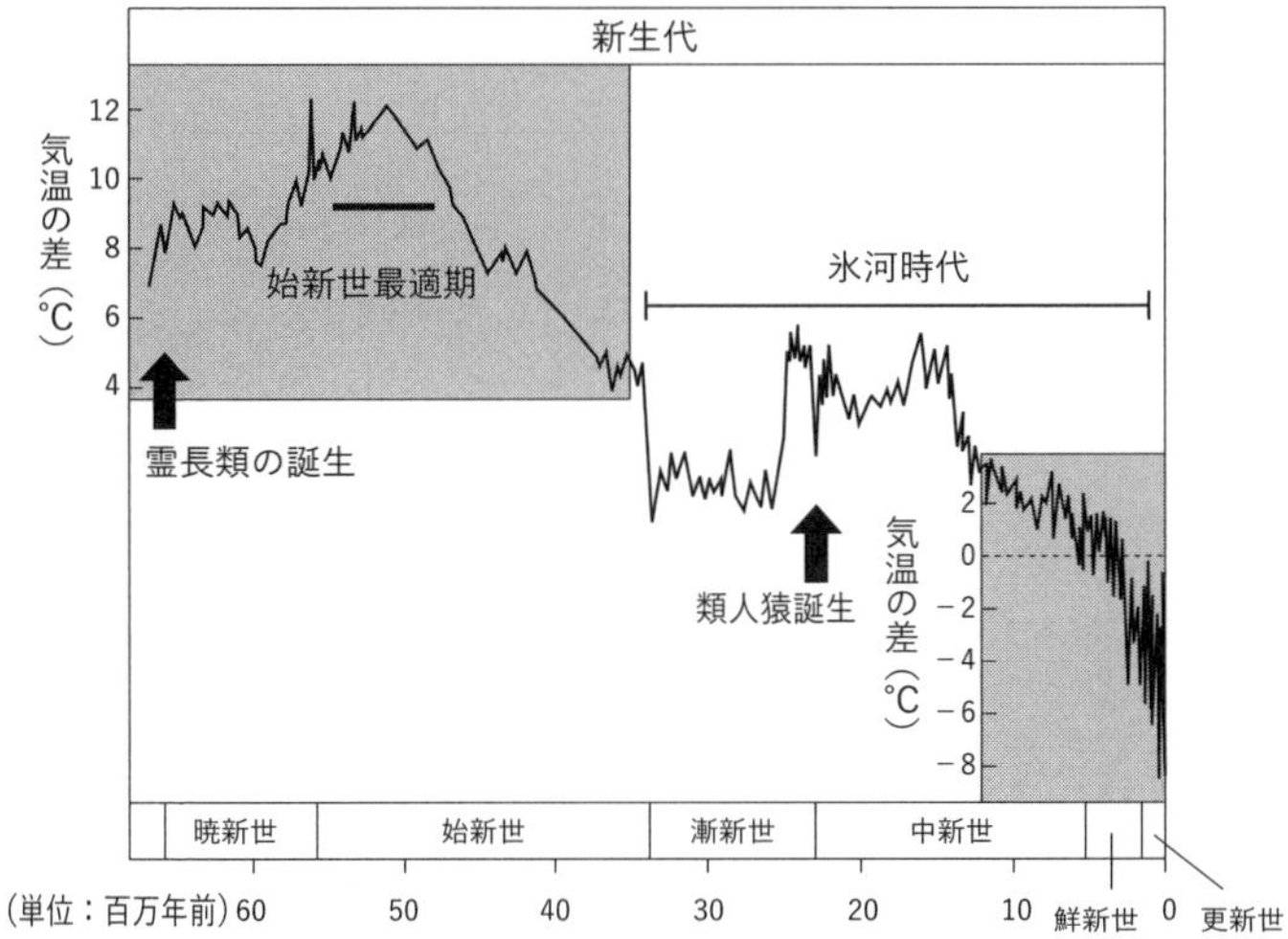

【図3】霊長類誕生以降の地球の気温

気温の変化に対応できたと考えられます。特に、人類は衣食住を環境に合わせ、体温を一定に保つことで、繁栄することができたのです。

上図は縦軸が温度の変化を示しており、横軸が6500万年前から現代までの時間を表しています。

新生代が始まったときの地球の気温は非常に高く、現在より10度くらい高温でした。そのような環境下で、哺乳動物が繁栄し、その中で霊長類も誕生し、暖かい時代が3000万年（「暁《ぎょう》新世」から「始新世」まで）くらい続きました。

その後、「始新世」の後半から急激に温度が下がり、「氷河時代[*9]」に入ります（「始新世」の半ばから氷河時代とする説もある）。

地球上に大陸並みの大きさの氷床が存在している時代を氷河時代と言います。地球の歴史において、南極大陸とグリーンランドに氷河が存在する現代も氷河時代（新生代第4紀）なのです。

地球の標準的な状態というのは、大陸並みの氷床がない状態です。皆さんは「無氷河時代」という名は聞いたことがないと思います。それは歴史上、氷河時代のほうが異例だからです。

これらのことを私がテレビ番組などで発言しても多くの人に伝わりません。それは日頃からまやかしの情報に数多く接しているので、標準的な知識が理解できないということでしょう。

いずれにしても約3500万年前から氷河時代に入り、一時氷河時代ギリギリのところまで温度が上がったあたりで類人猿[*10]が誕生します。

そして、本格的な氷河時代に入ったのが約10億年前からです。それからどんどん気温が下がっていって底をつき、そこから少しずつ気温が上昇して現在に至っているということになります。

また、「氷河時代なのに、なぜ近年は暖かいのですか？」と聞かれることもありますが、氷河時代にも「氷期」と「間氷期」があります。間氷期とは、氷河時代のうち、氷期と氷期の間に挟まれた、気候が比較的温暖な時期です。

現在の第4紀氷河時代は「更新世」（約258万年前から）に始まりました。それ以来、地球では4～10万年周期で氷期と間氷期を行き来しています。最後の氷期が約1万年前に終わり、現在は間氷期になります。

それでも、「新世代の中では、気温が低い時代」という事実は知っておかなければなりません。

地球の温度は「太陽活動」で変化する

現状がわかったら、次に地球の気温変化の「最も大きな要因」を考察する必要があります。それは言うまでもなく、「太陽」との関係です。

人類がCO_2を大量に排出し始めたのは産業革命以降ですから、それ以前の気温変化にCO_2や温暖化ガスは関係ありません。そもそも、地球の気温にいちばん影響を与えるのは太陽ですから、地球温暖化の問題を論じる際には、太陽の活動をまず見ることが当然でしょう。

「歳差運動」という物理的な動きがあります。歳差運動とは、自転している物体の回転軸が、円をえがくように振れる現象です。一般的に、地球の自転軸が黄道面に垂直な線の周りを周期約2万5800年で首振り運動をすることを指します。

太陽や月、惑星の引力によって、傾いている地球の地軸を引き起こそうとする力が働き、それによって太陽の光の当たり方が違ってくるのです。

日射量の変化は、「ミランコビッチ・サイクル」(Milankovitch cycle) と呼ばれるものでも測定できます。ミランコビッチ・サイクルとは、地球の公転軌道の離心率の周期的変化、自転軸の傾きの周期的変化、自転軸の歳差運動という3つの要因により、日射量が変動する周期です。

太陽の活動自体も強くなったり弱くなったりすることで、地球の気温は上がったり下がったりします。

次に示す図4のグラフは、1850年から2020年くらいまでの間の太陽の活動についての平均的な観測値を示しています。縦軸は、太陽光が地上に達する量です。

太陽活動は周期的に変化するものであり、それが大きな変化と小さな変化に分かれています。おおむね太陽活動は12年周期で活発になったり、不活発になったりしています。

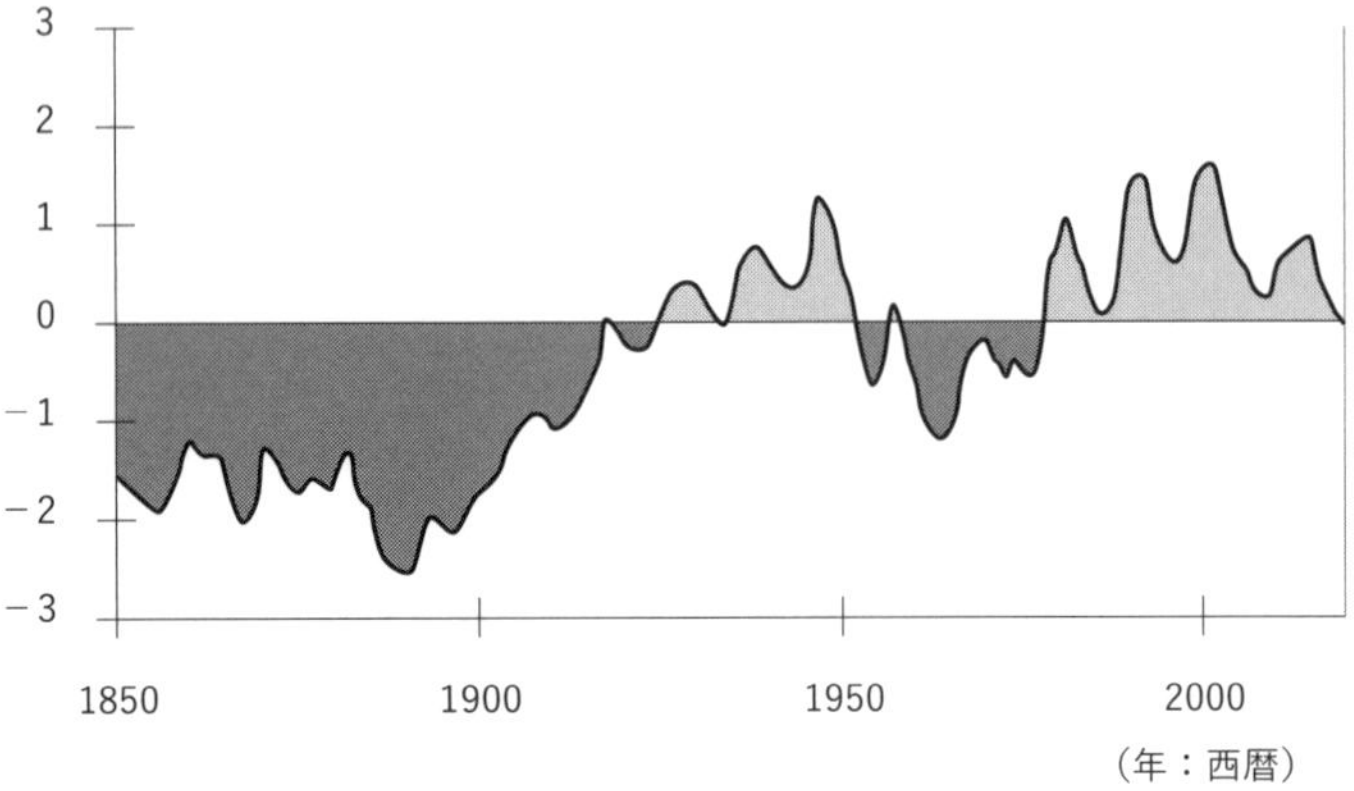

【図4】太陽の活動についての平均的な観測値

西暦1850年から1920年くらいまでは、太陽活動はあまり活発ではありませんでした。平均値を超えるのは1930年あたりからで、それから太陽活動が活発になります。

ところが1950年から1970年くらいまでの20年間は一時的に太陽活動が沈静化し、その後1980年くらいから再び活発になっており、これが現在の太陽活動ということになります。

図1（20ページ）で示した直近100年間だけの気温の変化を見ると、1950年くらいまではなだらかに気温が上昇していますが、1950年から1970年までの間は、気温の上昇が停滞します。

そしてまた1980年くらいから温暖化が

急激に起こるという状態になっています。

現在の気温上昇に関しても、太陽活動と相関性があることが読み取れます。

だからといって、「太陽活動が地球温暖化の原因である」と結論づけるのは早急です。ここで私が言いたいことは、何かしらの現象を理解するためには、最も大きな影響を与えるであろう対象をまず調べる必要があるということです。

太陽活動を見ていきながら、その他の要因（CO_2や温暖化ガスの増加など）を様々な角度から検証していくことが科学的なアプローチです。

ですから、「CO_2の増加が地球温暖化の原因である」としている現在の対策は、不十分と言わざるを得ません。

温暖化は地域によってまったく異なる

環境問題は世界各国一律で考えられがちですが、そうではありません。温暖化という現象に関しても、地球上で同じように起こるわけではありません。北極・南極の気候やユーラシア大陸の気候、海洋性の日本の気候、そして赤道直下の気温では、温暖化の度合いが当然違います。また、それぞれの地域でも均一に温度が上がったり下がったりするということもありません。

余談ですが、データやグラフはあくまでも参考程度にとどめておく必要があります。本書で提示したものも同様です。

これらは特定の地域の温度変化だったり、平均値だったりしますので、そのことも考慮に入れ、具体的な対策などを考えていく必要があります。

一つのデータ、一つのグラフを見ただけで一喜一憂してはなりません。

日本でも、気温の変化は地域ごとに異なります。

例えば、2023年8月の最高気温が高かった地域は、新潟39・1℃、福島39・1℃、京都38・9℃でした。これに対して最高気温が低かった地域は、沖縄34℃、高知34・9℃、鹿児島34・9℃でした。

ここ数年の温暖化で、日本の場合は、夏は北のほうが高くなる傾向にあります。通常であれば、南に位置する沖縄や九州、四国が最高気温となるはずですが、近年は北に位置する北海道や東北、北陸のほうが最高気温を出すようになったのです。

これまでの常識とは違うので不安を感じるかもしれませんが、この変化は南北に長く伸びた日本列島では良いことかもしれません。実際に、北海道や東北の岩手は、この温暖化の影響を受けて非常に住みやすくなっています。県ごとに満足度の調査がありますが、近年、北海道や東北に住んでいる方たちの満足度は高いものになっています。

気候の変動は、常に良い面と悪い面があります。不安だけを煽るのではなく、メリットも提示し、柔軟に対応していかなければならないのです。

＊

本章で見てきたように、地球温暖化の問題は、まず地球の気温変化の歴史を大前提として議論すべきです。

現在の気温上昇については、いきなりCO_2や温暖化ガスを原因とするのではなく、第一に太陽の影響を考えなくてはなりません。そこを無視してCO_2や温暖化ガスの問題を論じても、前提が間違っているかもしれないからです。

そして、気温の変化は地域性があることにも注視しなければなりません。

私は科学者として、現在の「CO_2を減らす」という自らの活動を制限するような対策には反対です。なぜなら、それでは幸せな未来が期待できないからです。私はむしろ科学技術を発展させ、人類がより活発に行動できる方法を選んでいくことのほうに興味があります。

また、現在は温暖化の対策だけをしていますが、長期的に考えると、これから地球は寒冷化することも考えられます。間氷期は約1万年から3万年くらい続くのが通常ですので、地球は、次の氷期に向かっているかもしれないのです。

SDGs（持続可能な開発目標）を唱えるのであれば、次の氷期が来ることも視野に入れた「地球温暖化&寒冷化対策」を総合的に考えていく必要があるでしょう。

第2章

環境問題を利用する人々

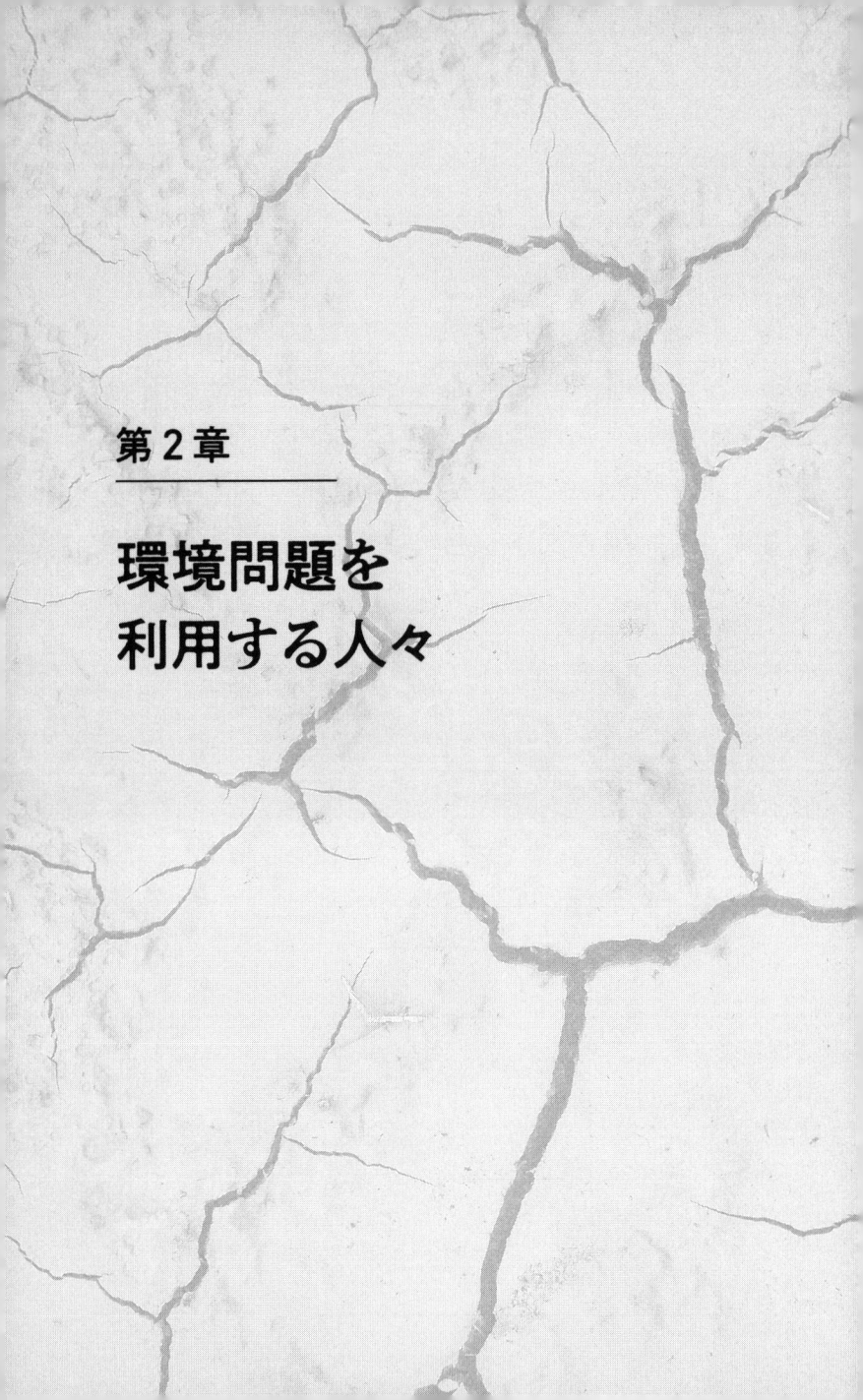

「石油枯渇説」と「地球温暖化」の矛盾

政府機関や環境団体がよく利用している、1950年から2100年までの世界の気温変化予測を示したグラフがあります（図5参照）。

このグラフでは、「何も対策を打たなければ、2100年には気温が最大で5・7℃上昇する」と推定しています。

平均気温が1℃上がるだけでも大きな変化です。1950年から2000年にかけて、実際に平均気温が約1℃上がっていますが、この変化がどのくらいのものかというのは皆さんも体感していると思います。5℃以上も上昇するとなると、特別な対策を行わなければなりません。

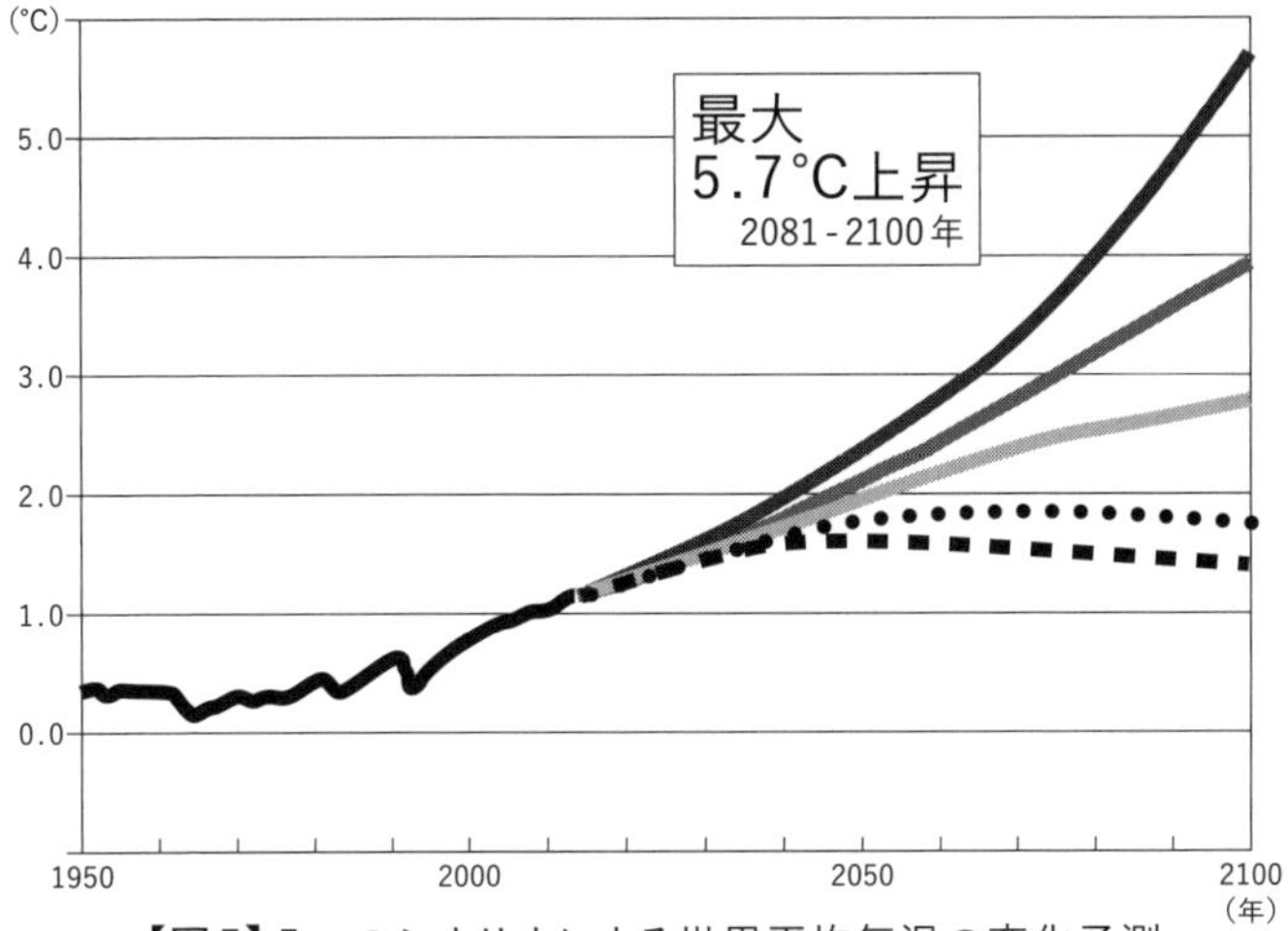

【図5】5つのシナリオによる世界平均気温の変化予測
（出展：IPCC第6次評価報告書より作成）

ただし、このグラフを見て注意しなければならないのは、これは２１００年までにCO_2によって温暖化することを示したグラフということです。

CO_2を出しているのは、石油、石炭、天然ガスなどですから、これらが枯渇すれば地球温暖化も収まるということになります。

１９７３年にオイルショック[*11]がありました。当時、「あと30年で石油がなくなる」という報道があり、国民は大きな衝撃を受け、多くの人がトイレットペーパーを買い漁りました。

しかし、それから50年以上経っていま

すが、現状で石油がなくなるという事態にはなっていません。

当時、私は科学的な知見にもとづいて「あと30年で石油がなくなるということはない」と発信していましたが、各方面からバッシングされました。あのときに、「石油は30年でなくなる」と報道したテレビ局や新聞社、政治家や知識人、そして私を激しく罵倒した人たちは、今のこの状況をどう受け止めているのでしょうか。

そしてその後、「石油は当分なくならない」ということがわかり、その代わりに出てきたのが、前章で考察した「地球温暖化」の問題です。


先の図5のグラフは、2100年まで石油や石炭、天然ガスなどに依存した生活、つまりこれらを自由に使う生活を送ると、気温が最大で5・7℃上がるということを予測しています。自由に使うことを前提にしているということは、これから2100年まで、石油、石炭、天然ガスはなくならないということも示しているわけです。

最初に「あと30年で石油はなくなる」と言い、次に地球温暖化の問題になったら、「石油は少なくともあと100年ある」ということを前提に話をする……。

「石油などの資源が枯渇するので、節約しなければならない。化石燃料に頼っていてはいけないので、太陽光や風力発電をやらなければならない」と言っておきながら、温暖化のことになると「石油、石炭、天然ガスは少なくとも２１００年までは豊富にある」ことを前提に対策をしているという矛盾が生じているのです。

こういった論理的なまやかしや科学的な誤りがそのまま通用しているのが、現在の日本社会です。

しかも、地球温暖化関連の国家予算は、１年に約30兆円と言われています。国民一人あたり1年間に約30万円、10年間で３００万円という巨大な額になります。

自分自身の人生や家族の生活に大きく関係する、この地球温暖化に対する税金の使い方が矛盾に満ちており、非合理で非科学的であることに、まず気がついてほしいと強く思います。

30年後から100年後に切り替えられたIPCCの推定値

前述したように、地球温暖化の問題は、石油、石炭、天然ガスをふんだんに使うという前提で話が進んでいます。特にアメリカ、ドイツ、イギリスが主導して、この地球の石油がなくなるという問題と、地球が温暖化するという問題をほぼ同時に提示したのです。

１９８８年に国連の関連団体として、ＩＰＣＣ[*12]（気候変動に関する政府間パネル）という組織ができました。ＵＮＥＰ（国際連合環境計画）とＷＭＯ（世界気象機関）が共同で設立した団体です。

ＩＰＣＣは、地球温暖化に関する最新研究の評価を行い、政策の実現性やその効果、それがない場合の被害想定結果などに関するリポートを提供しています。数年おきに発行される「評価報告書」は、地球温暖化に関する世界中の専門家の科学的知見を集約した報告書で、各国の政策に強い影響を与えています。

ＩＰＣＣ設立の翌年（１９８９年）にはアメリカの上院議会で、ＮＡＳＡ（航空宇宙局）ゴダード宇宙研究所のジェームズ・ハンセン博士から「石油、石炭、天然ガスを利用することで排出されるCO_2によって、地球が温暖化している」という発表がありました。

そしてハンセン博士は、「これからは、なるべくCO_2を出さない社会に変えなければならない」と提言したのです。

ジェームズ・エドワード・ハンセン

1941 年生まれ。アメリカの気候学者、コロンビア大学非常勤講師、気候活動家。主に地球温暖化に関する研究をしており、過去 100 年の平均気温上昇を温室効果ガスの影響であると提唱した。
（写真は Wikipedia より）

実は、このときの上院議会の会場では冷房を切っていたといいます。6月の下旬でしたが、かなり暑い日だったので議会内は当然、蒸し暑い。上院議会場では、「これから毎年暑い夏がやってくる」という細かい演出がなされていたのです。

当時、IPCCが30年後の気温上昇の推定値を出していましたが、1988年から30年経った気温上昇値とはまったく違っています。

そして推定値の間違いを総括することなく、IPCCは約100年後の気温上昇の推定値を数年おきに発表するようになりました。30年ではすぐ結果が判明してしまうため、推定値を次世代100年後の2100年に切り替えたということです。

それが先ほど示した図5のグラフ（IPCC第6次評価報告書）です。

政治家と環境活動家の偽善

日本では２００９年の国連総会で、鳩山由紀夫首相（当時）が「２０２０年までに、日本は大幅にCO_2の削減をする」と宣言しました。ですが、鳩山首相は鳩山御殿という大きな屋敷に住んでおり、一般家庭の何倍ものCO_2を出していました。

地球温暖化の影響を訴え続けてきたアメリカの元副大統領のアル・ゴアは、２０１９年に来日した際、日本政府への要望とともに、日本国民に対して「電気を節約してください」と訴えかけました。

しかし、これも偽善であると言わざるを得ません。当時、日本の一軒あたりの一カ月の電気代は１万円程度でしたが、ゴア元副大統領の個人宅の一カ月の電気代は約30万円でした。言っていることと、実際にやっていることがまったく違っているということです。

2019年にニューヨークで開かれた「温暖化対策サミット」で、スウェーデンの環境運動家であるグレタ・トゥーンベリさんという16歳の少女の演説に注目が集まりました。彼女は、「地球は今、危機に瀕している、温暖化が進み非常に深刻な状態だ」ということを訴えたのです。

この演説は世界中で大きな反響を呼び、日本のある新聞社は「この少女の涙がわからないのか」といって、温暖化対策の重要性を強調する社説を掲載しました。しかしこの件で最も注目すべき点は、「スウェーデンの一少女が、なぜ国連総会で演説ができたのか」ということです。

国連総会で各国首脳と並んで演説するということは、相当な「力」がなければできません。通常、私たち科学者が立派な論文を書き、世界的に高い評価をされても、国連総会で演説することは容易ではないからです。

グレタさんの国連の演説がいかに注目すべきものであっても、一人の少女が突如として国連総会に出て、そこで地球温暖化を訴えるというのは、政治的な背景があるか、もしく

グレタ・トゥーンベリ
2003 年生まれ。スウェーデンの環境活動家。過激な環境活動により、警察に拘束されることもあったが、多くの学生や政治家に気候変動について考えるための影響を与えた。
（写真は Wikipedia より）

はそこに巨大な資金が動いたのではないかということを疑わざるを得ません。

これは、誰もがおかしいと思うことです。ただし、こういった視点では報道されず、日本のマスコミは温暖化を防ぐことのほうにしか注目していません。そして、国民の多くは素直にそれを受け入れてしまったのです。

イラク戦争（２００３〜２０１１年）のときに、イラクの少女が涙を流して自国におけるフセイン政権の酷さを訴えた映像が流れました。しかしのちに、この少女はお金をもらって取材を受けていたことがわかっています。

国際社会では、勝つためには手段を選ばないということが常に行われます。日本人はそういったことには慣れていないので、グレタさんの演説自体が奇妙であるということがわからないのです。

そして、良心的な科学者や技術者が出てきて正しいことを解説する頃には、もうすでに多くの人の心の中には一つの結論が出てしまっています。

何かおかしなことが起こっているという感覚を持たないというところに、現在の日本社会の混迷があると考えられます。

危機感を煽るテレビ報道

環境問題を難しくしていているのは、そこに科学的な誤りが大量に入っているからです。近年、インターネット上での言論の乱れが問題視されていますが、むしろテレビや新聞など大手メディアよる誤報のほうが危険と言えるでしょう。

科学的な誤りが報道されてしまう背景には、テレビや新聞の記者が科学を理解していないということがあります。政府や専門家の矛盾を指摘できるような記者が、残念ながら日本にはいません。

それに加えて、視聴者や読者を脅せば儲かるという確信が彼らにはあります。「正しい報道をする」「信念に従った報道をする」というのではなく、どのくらいの視聴率が取れるのか、どのくらいの販売数になるかということだけで判断しているのです。

最近の例でいうと、コロナ禍における報道です。

当時、テレビのワイドショーでは連日「一日あたり最高の感染者数が出た」と危機感を煽っていました。そして、だんだん感染者数が落ち着いてくると、次は「○曜日の最高の感染者数が出た」という報道に変わりました。

騒動後に、ある地上波テレビの元アナウンサーに当時の状況を聞いたところ、さすがに局内でも、「月曜日の最高の感染者数！　火曜日の最高の感染者数！……と報道することに意味があるのだろうか」という疑問が呈されたそうです。

ですが結局は、「視聴者を脅したほうが、視聴率が取れる」という声に押されて、曜日ごとの最高の患者数を報道していたというのです。

地球温暖化に関する報道倫理という意味では、私が旧来からＮＨＫに訂正を求めている2つの映像があります。

一つが、今から約20年前、南太平洋に位置する小さな島国ツバルの水没を示したものです。地球が温暖化して海水面が上がり、次々とツバルの島が水没していくという映像が繰り返し放送されました。

ツバルのようなサンゴ礁の島は、地盤が沈下したり、隆起したりしており、国土面積は安定していません。このときの映像で示されたように、住宅のあるところでも膝まで海水があるという状態は日常的に起こります。それをあたかも温暖化により大きく地盤沈下したというように撮影し、放映したのです。

当時、私は名古屋大学の教授でしたが、大阪のある大学教授から「武田先生、私は島の専門で、このような誤った内容が放送されて困っています。何度も、温暖化とは関係ないと言ったのですが聞いてもらえずでして……」という相談もありました。

そしてもう一つは、ホッキョクグマの映像です。

子ども向けの歌番組で、「暑い、暑いなんとかしてよ、氷の国を返してよ」と氷のないところでシロクマが暑くて困っているという映像が流れていました。

北極海の冬は全面結氷しますが、夏は溶けて半分は氷がなくなります。氷が半分残っている状態では、気温が０℃以上になることはありません。「暑い」という表現はまやかしです。

しかもこの映像は氷が見えない角度で撮っているので、子どもたちは騙されてしまうのです。

これと同様の誤報が、今なお繰り返し行われています。私たちはマスコミが危機感を煽る目的で報道しているということをもっと自覚しなければなりません。

社会に「不信感」が蔓延する理由

20世紀の終わりから、薬や農薬といったものに対する社会の不信感が、増大したことがあります。

当時、社会的に活動していた主婦連（主婦連合会）が、「石鹸は大丈夫だけれど、洗剤は環境を汚染する」という大々的なキャンペーンを始めたことがあります。

もちろんこういった問題は、環境に対して被害を受ける人と、洗剤を製造しているメーカーなど、立場によって見解が違うため、かなり慎重に行わなければなりません。

私が関連の論文を読んだところでは、「洗剤は環境汚染にはあまり大きな影響はない。ただし石鹸は固形なので使う量は少ないが、洗剤は粉末で提供されるために過剰に入れる人もいる。その点では、石鹸より洗剤のほうが影響があるかもしれない」ということがわかりました。

私がこのことを発表したところ、主婦連などから激しい攻撃を受けました。

結局は、洗剤の改善があり、また国民の理解もあって使用する量も減りました。結果として、現在は洗剤が環境を激しく汚染するということは違うということが明らかになっていますが、このような結果が出るまでに数十年の年月がかかっています。


そして、20世紀の終わりにさらに大きな問題になったのが、農薬に対する不信感です。

これは作物を育てるときの農薬や、収穫後の腐敗や防虫効果のある薬剤に対しての強い不信感であり、これは現在でも続いています。

有名な女流作家が、農薬が数種類重なると、被害が拡大するという内容の小説をある新聞に連載で掲載したことで、それが大きな社会問題になりました。これは小説ですから、もちろん具体的なデータは記載されていません。

この問題に対しても私は慎重に調べました。

日本は農薬をよく使うので危ないと言われています。しかし、各国の農薬の状態を調べてみると、農薬の使用量が多い国と少ない国を比較しても、農薬の使用量と平均寿命、疾病の状態にはほとんど差は認められませんでした。逆に農薬の使用量が多い国のほうが平均寿命が長いという結果が得られたのです。

このことを私が公表すると、「意外だ」「おかしい」という反論が多数きました。

また、2000年頃に問題になった環境ホルモン[*13]は、特に女性が強い興味、関心を持ちました。

これはアメリカの研究者であるシーア・コルボーンが、環境ホルモン、つまり人間の作った新しい合成化合物により、オスがメス化したり、メスがオス化したりするということに気づき、科学データをもとに研究を行った結果、実際に環境ホルモンが、生物の生態を変化させ、人間の生殖機能にも影響を与えるという結果が観測できたというのです。

そして、その内容を綴った本を出版したところ大反響を呼びました。彼女は来日して講演会を行うなど、一躍世間の注目を浴びました。

しかし、数年の活動ののちにこの問題は、あっという間に消えてなくなりました。なぜなら、いろいろな人が研究しても、環境ホルモンが見つからなかったからです。

シーア・コルボーン

1927–2014 年。アメリカの環境活動家。1997 年、共著である『奪われし未来』が日本でベストセラーに。2000 年に、『「環境ホルモン」が人類や生物に及ぼす脅威を系統的な調査により明らかにし、その危険性を警告した業績』としてブループラネット賞を受賞した。
（写真は Wikipedia より）

日本でも危うく法律で規制する寸前の状態だったので、非常に大きな社会問題になりました。

このように、科学的な根拠がほとんどなくても、大きな環境問題になるということは現在でも続いています。

ここで気をつけなければならないことは「先入観」です。人は誰しも、最初に入ってきた情報を正しいとしてしまう脳の癖があります。たとえ科学的に間違っていることでも、あとから訂正することはなかなか難しいのです。

こういった問題を解決するためには、やはり日頃から科学的なリテラシーを高めることが不可欠です。そうすることで、私たちの生活をより快適に、安全にすることができるのです。

「ゴミ」の分別は意味がない!?

現在、私たちは各自治体のルールに従って家庭のゴミを「燃やすゴミ」「燃やさないゴミ」「資源ゴミ」などに分別して出しています。ただし、ある調査によると、これらのゴミのリサイクル率は全体の約10％で、その他のゴミ（約90％）は焼却されているということです。

ところが、官庁やリサイクル機関などから出ている資料の多くは「リサイクル率60％」としています。

実際には10％くらいしかリサイクルしていないのに、それに大きな税金をかけているのですから、民間なら詐欺にあたるような行為です。

それでも国や役所が詐欺罪に問われないのは、建前上「法律に基づき処理している」からです。

一般家庭から出た「燃やすゴミ」は、ゴミ収集車で運んで市町村の焼却炉で燃やします。「資源ゴミ」は役所からリサイクル業者へ渡ります。この際、お金にならないゴミは「引き取り代」を役所が業者に支払い、お金になるゴミは若干の値段をつけて売り渡します。そして、市役所は業者から「リサイクルします」という伝票を受け取ります。

業者はその「資源ゴミ」を、売れるものは売り、売れないものは自社の焼却炉か、あるいは取引先の焼却炉で燃やします。

すべてのゴミのうち、市役所が焼却したものはリサイクルに加算されませんが、業者に渡したものは「リサイクルした」ということになります。

以前、「リサイクルします」と業者に渡ったゴミがどのぐらいリサイクルされているのかを調査したところ、リサイクル率は2～3%でした。そのことを役所に問い合わせると、「リサイクルするという前提で、業者に渡していますので」との返答でした。これは法律に基づいた行為なので、役所に問題があると断罪することはできません。

リサイクル業者は「リサイクルしたほうが得か。焼却したほうが得か」を判断して、リサイクルしたほうが儲かるならリサイクルし、焼却したほうが儲かるなら焼却しているのです。これは民間の会社だから仕方がないでしょう。

つまり、法律に「抜け道」が設けられていて、実際にリサイクルしていなくても、帳簿上はリサイクルしていることになっているのです。

もちろん、これらの費用は税金で負担しているため、結局「損」をするのは我々国民です。

天下り先が増えただけの「環境改善」運動

「ゴミのリサイクル」は当初、「資源を節約し、環境を改善する」という善意の運動から始まりました。しかし結局、環境省がつくった法律によって、「資源は浪費し、環境は改善されず、一部企業が潤い、天下り先が増える」ということになりました。

ここでも、前述の〈「石油枯渇説」と「地球温暖化」の矛盾〉と同じような〝まやかし〟が行われました。

まず、「廃棄物処理場はあと数年で満杯になり、ゴミが溢れる」と大々的に報道されました。開発途上国のゴミ処理に失敗した写真を見せ、「近い将来、日本もこうなるぞ」と脅すのです。

当時、私が計算してみたところ、日本の廃棄物処理場は少なくとも１５０年はもつことがわかりました。事実、それが騒がれてから30年以上経っても廃棄物処理場は困っていません。

「リサイクルするから、焼却するゴミは減少する」「ゴミの増加により、廃棄物処理場があと数年でパンクする」という矛盾に満ちた、非論理的なプロセスで仮定した理屈でした。従来通り焼却すれば、ゴミの体積は焼却によって約20分の1に減りますから、焼却せずにゴミを埋めるときに比べて処理場の負担が減ります。

一方で、「リサイクルすればゴミも資源になる」という建前では、ゴミは姿を変えて店舗の商品として並ぶのですから、廃棄物処理場は満杯になりません。

かくして、国民に伝えられた簡単なメッセージは「リサイクルすれば資源は有効に使われ、廃棄物がなくなって環境が良くなる」ですが、現実には「資源も環境も変わらず、税金を取られるだけ」だったのです。

ウソが利してしまう、現在の日本社会

東京都のゴミはよく管理されていて、道路を歩いていてもゴミが散乱しているということはありません。都民が家庭や事務所から出すゴミは、道路脇にある集積所などに集められ、カラスなどが荒らさないように防鳥ネットがかけられ、完璧な状態で役所の指定の場所に運ばれます。

そこにも日本人の真面目さが活きており、ゴミはきちんと焼却されたり処理されたりしていて、野山に捨てられるということはほとんどありません。ですから、東京湾に都民が捨てたプラスチックゴミが海に流れ込んでいることなどないはずです。

それでも小池百合子都知事は「プラスチックの使用を制限したい」と発言しました。都知事でありながら、世界にはびこる「環境ゴロ」と同じです。

海洋がプラスチックゴミで汚れていると言うのであれば、まずゴミを海に流している国（中国など）に注意を促せばよいのであり、都民に税負担させる必要はありません。

今の日本はさらに奇妙で、プラスチックの専門家でもない大学の先生が出てきて、「プラスチックの粒は小さくなればなるほど分解が遅くなるので、マイクロプラスチックは何年も分解せずに海中に残る」などと奇想天外なことを言い、それをテレビ局が放映していました。

分解速度のような一次反応に近いものは、体積と表面積の比で分解速度が決まるので、粒子の直径が小さくなると表面積の割合が大きくなるので当然、分解は早くなります。

こんなことを間違えたら専門家失格ですが、白昼堂々と「マイクロプラスチック（5㎜以下の微細なプラスチック粒子）は分解せずに海中に残る」と言う専門家がテレビに出るのですから驚きます。

残念ながら、現在の日本は「ウソをついたほうが得をする」ということが社会常識となってしまったようです。

環境省と家電業界の「騙しのテクニック」

環境省はかつて、工場からの噴煙や汚染物質の流出によって起こる有害物質での川や海の汚染の監視などをする小さな役所でした。しかし水俣病や四日市ぜんそくなどの公害問題が起きたため、まず環境庁になり、さらに現在の「省」に格上げされました。

環境省は経産省などの活動や企業の行動をチェックして、国民のために環境を守ることを目的としています。事実、水俣病が大きな問題になって解決が難しくなったとき、時の環境大臣が水俣に出向き、被害者に頭を下げるということがありました。

つまり、環境省とは「必ずしも政府の方針に従わず、国民の側に立って環境を守る」という役割でした。その点では、国のお金の使い方をチェックする会計検査院的な面を持っていたのです。

ところが次第に「利権化」して、他の省庁となんら変わらない行動をとるようになりました。その第一歩が「家電リサイクル」でした

「放置される家電製品」として野山に捨てられた家電製品の映像が毎日のようにテレビで流され、「これはどうにかしなければならない」という雰囲気をつくります。

実は、全国の廃家電は順調に処理されていました。この映像は日本中を探し回り、ある一部の野山に捨てられていた家電を撮影しただけです。

しかし、その頃のテレビはすでに「事実でなくても一部を映像で流せば国民は騙される」ということを十分に知っていたので、誘導し、家電リサイクルを制度化することに成功しました。

これを後ろで操っていたのは官僚と家電業界であり、すでに経営が順調ではなくなった家電業界は、それまで一台500円で処理していた家電製品を、約4000円に値上げして処理することにしました。

このような「騙しのテクニック」を使ったために、日本の家電メーカーは国際競争力に勝てなくなり、現在のように壊滅状態に陥ったのです。

SDGsはヨーロッパの優位性を保つための策謀

500年ほど前、ヨーロッパは急激に軍事力を高め、「力」で有色人種の国を植民地にしていきました。

日本にもポルトガル、スペインがやってきます（キリスト教の布教、鉄砲の伝来）。しかし、当時の有色人種でヨーロッパと対等、もしくは彼らより強い力を持っていた日本だけは、植民地にされることはありませんでした。

その後、ヨーロッパやアメリカは豊かになっていきましたが、それは自分の力で成しえたわけではなく、植民地の人たちの労働力や彼らの資源を強奪して築き上げたものです。

欧米諸国ではその富を利用して、哲学、文学、音楽、絵画などを発展させました。しかしそれは「有色人種に働かせるので、自分たちは遊んでいられる」という状態からの成果だったのです。

そして第二次世界大戦後、日本の復興、そしてそれに続く韓国、台湾という旧日本領、それに中国、インド、マレーシア、ブラジルなどの発展により、ヨーロッパは競争力を失いましたが、かつてのように軍事力で他国を圧倒することもできないので、国際規格や環境問題、政治的圧力を利用するようになってきました。

ISO[*14]（国際標準化機構）などの規格やスポーツのルール、電子機器の国際基準、リサイクル、生物資源の保全、そしてSDGsなどは、いずれも「規格」や「環境」という仮面をかぶっていますが、本当の狙いはヨーロッパ社会の優位性を保とうとする策謀の一環なのです。

日本ではあまり知られていませんが、ヨーロッパではその手の暴露本が多数出版されています。

ダイオキシン騒動が頂点に達していたころ、私はヨーロッパの学会のパーティで多くの人に「ダイオキシンの毒性」について質問しました。ところが皆、「あれは政治的なものだから」と話には乗ってきませんでした。彼らは、すべて知っているのです。

第３章

「地震」を理解し、正しく恐れる

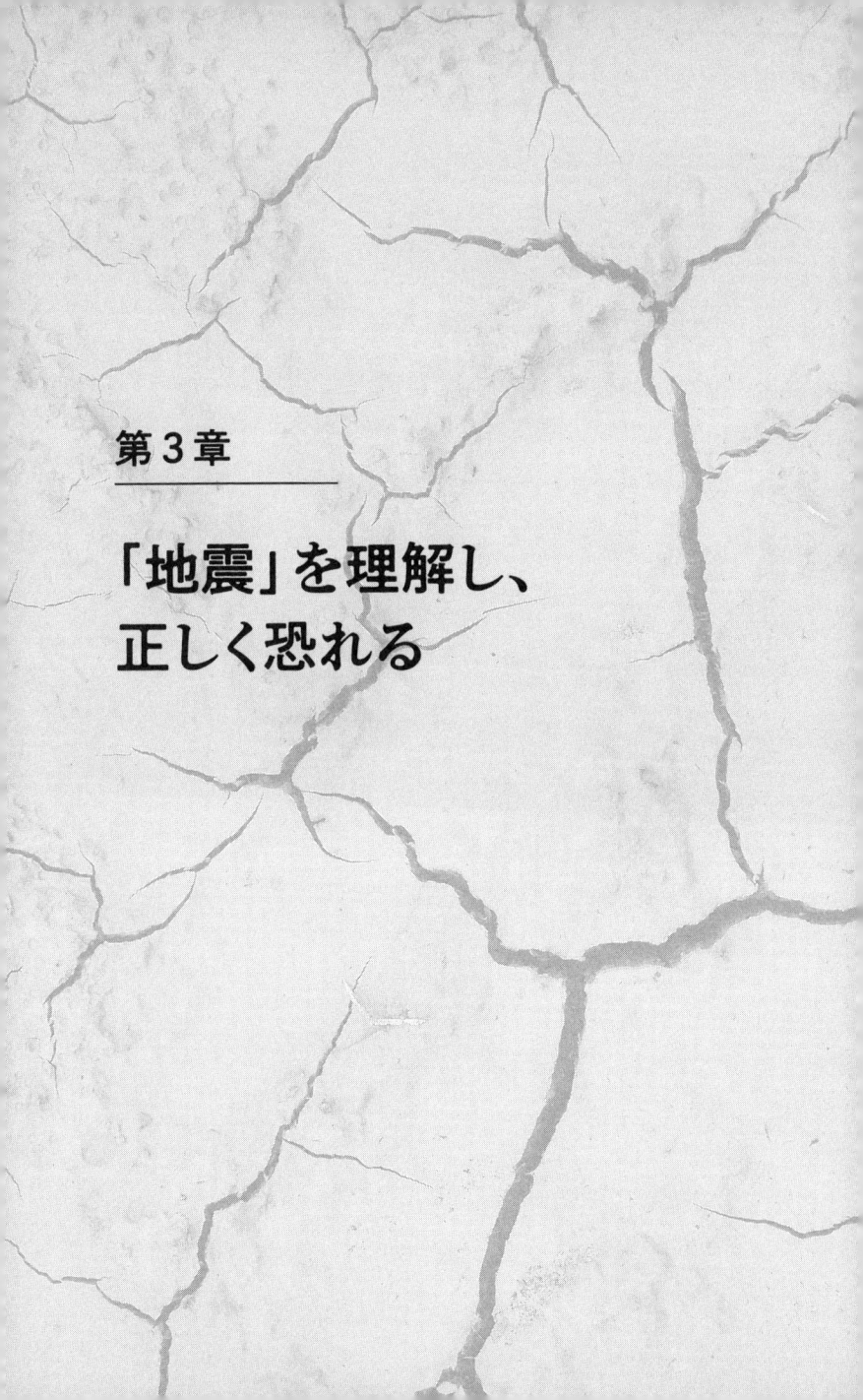

「地震予知」は可能か

ここからは「災害大国・日本をどう防衛していくか」をテーマに、様々な視点から考察していきたいと思います。

「地震」に対する知識というのは、日本列島で生活していく上で非常に重要で必要なものです。

従来であれば、政府などが正しい情報を開示し、報道機関や学校で説明を行うべきことでしょう。そうしていれば、地震に対する理解が多くの国民により深まっていったはずですが、現状はそうなっておりません。

したがって本章では、自分自身や家族を守る上で必要な地震の知識を共有していきたいのです。

まずは、「地震予知」についてです。

1960年代に、長野県で松代《まつしろ》群発地震[*15]が起こりました。この地震は、長野県埴科郡松代町（現長野市）付近で1965年8月3日から約5年半もの間続いた、世界的にも稀《まれ》な長期間にわたる群発地震で注目を浴びました。

実は、この地震をきっかけに「地震を予知しなければならない」という考えが日本人の中に生まれたのです。

そして、「また関東大震災が来るのではないか」ということにも大きな関心が寄せられました。それは、東京大学地震研究所と地震学者を中心に関東大震災級の地震が1997年±3年の間で起きるという地震予知を出したからです。

東海地震も同じように非常に危険であるとして、膨大な予算を使って東海地区にひずみ計（どのくらいエネルギーが溜まっているかを計測）の観測網が張られました。静岡県の南部では、「明日にも地震が来る」と各家庭で枕元に防災用具や水などを用意し、そして会社や官庁では避難訓練が行われるという状態に陥りました。

しかし、その予測から四半世紀以上経過していますが、関東や東海地方で大地震は起きていません。それでもこの時期から、「日本では地震が予知できる」という錯覚が日本国民に植え付けられたのです。

次の図6のグラフはアメリカの地震研究者のロバート・ゲラー教授が、日本の地震を研究したものです。

ゲラー教授は、1年間に4000回程度、有感地震が起きる日本で地震の研究をしたいと東京大学で勉強して、その後に東大教授になりました。私も同じ物理学者であり、破壊力学の専門家でもありましたので、ゲラー教授とは親しくさせていただきました。

そして彼とは、「地震は予知できるのか」ということを議論し合いました。

ロバート・ゲラー

1952年生まれ。地震学者。2011年の東日本大震災以降、日本全国での講演や書籍刊行、テレビ出演などで活躍している。2022年に日本国籍を取得。

（パブリックドメインより）

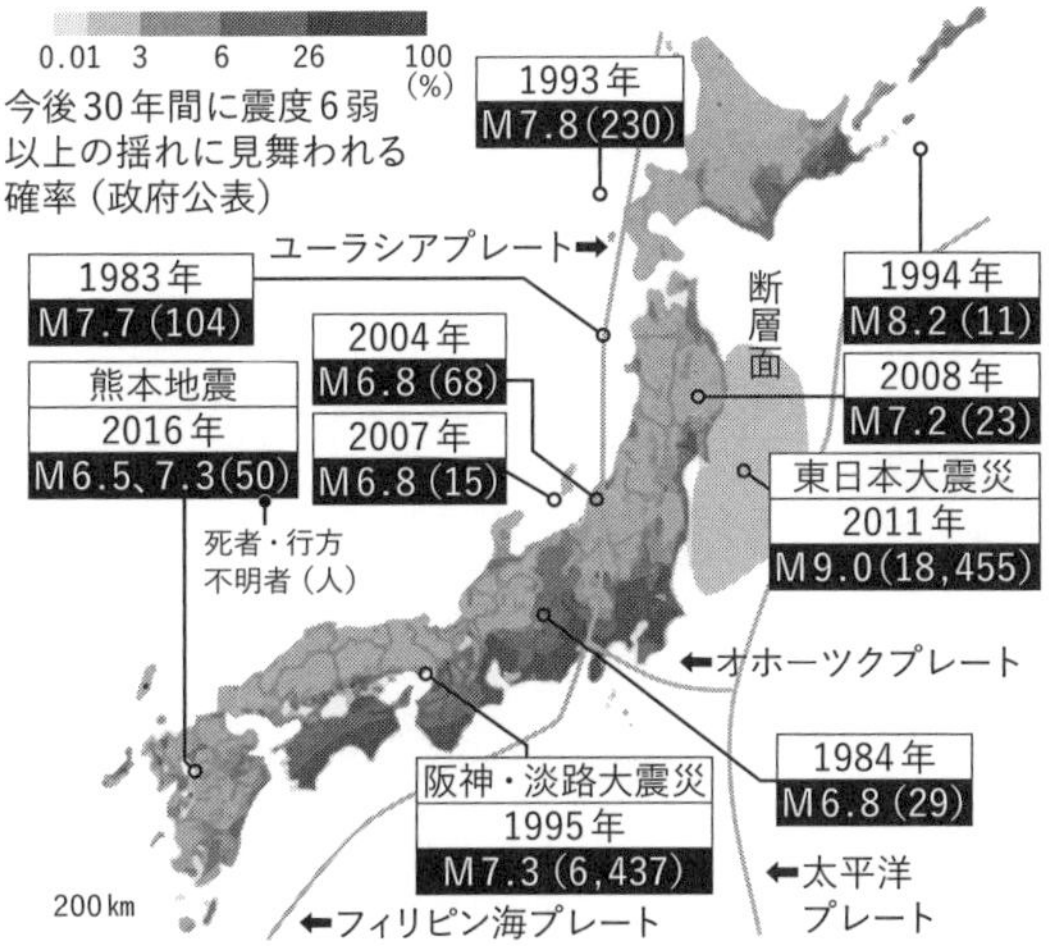

【図6】ロバート・ゲラー教授の「リアリティチェック」
（出展：地震調査研究推進本部資料より作成）

ゲラー教授が発表したのが「リアリティチェック」です。リアリティチェックは、毎年日本政府が公表している「確率論的地震動予測地図」と実際に地震のあった場所を照らし合わせたものです。

これは学問的なアプローチとしては非常に正しいことです。基本的に、学問は未来を予測することは困難であり、過去を整理することが定石だからです。

ゲラー教授も未来を予知するよりも学問の王道に沿って、実際に地震が起きた場所を整理したのです。

図6の地図上に示している墨色の濃さは、その濃さによって地震の起こる可能性を示しています。

■は可能性の低い地域で、■は30年以内に地震が6％以上の確率で起きるという地域です。そして濃い■は30％以上の確率で地震が起こる場所を示しています。

注目すべきは、ほとんど太平洋側にプレート地震が起きると予測していることです。九州では熊本で大きな地震が2回あり、最近では日向灘で地震がありました。阪神・淡路大震災も大きな地震でしたが、この場所には■はついていません。実際には、地震が起きる可能性の低い■の場所で地震が起こっています。

長野県の内陸の地震は、周辺が■なっていますが、その場所ではないところで地震が起こっています。

２０２４年の正月に起こった能登半島地震も、地震が起きない、起きる可能性が非常に少ないというところに属しています。そして、東日本大震災、新潟の２つの大地震も予知が外れています。

１９７９年以降、10人以上の死者をもたらした地震は、リスクが低いとされた地域に起きています。

ほとんど地震が起きないと予知したところで、狙ったように地震が起きているということです。

地震発生のメカニズム

ここからは、地震がどのようにして発生するかということを説明していきます。

地震は、地殻の一部が割れて、その衝撃が地面に伝わることで起こります。どんなものでも、一定以上の力をかけると壊れます。巨大なものが破壊され崩れると、その衝撃が周囲に伝わります。

地殻とは、地球の表層部を形成する岩石層で、マントルの上にあり、大気や海の下にあるものです。地殻は硬い岩石で構成されていますが、地球全体の動く力がかなり強いため、この硬い岩石もじわじわ動いてしまいます。

例えば、伊豆半島はフィリピンのほうから少しずつ動いてきて、日本列島にぶつかってできたもの。インドはアフリカの南にあった大陸が少しずつ動いてきて、ヒマラヤ山脈あたりでぶつかってできたものです。

岩石のような硬いものがフィリピンから日本列島まで移動したり、アフリカの南から現在のインドまで移動すれば、大きい摩擦が生じるはずです。かなり無理な状態で動いていることもわかるかと思います。その間に岩石が割れたり、崩れたり、あるいは新しくできたりしながら、ゆっくり土の中を移動することになります。

このように、地殻は非常に複雑です。長い間、動いてきた岩石でできているので、均質ではありません。岩石と岩石の間は常にひび割れており、強い力でくっついたものは連続体になっていますが、別の力で斜めに引っ張られたり、下に引っ張られたりするので、それによって新たな亀裂も生じます。

日本の地殻の状態を詳細に調査したとしても、数年経つとまた変化します。つまり地殻の配置は、毎日のように変わっているのです。

ひずみが溜まって地震が起きるとよく言われますが、このひずみがなぜ蓄積するかというと、岩石は並び直しがしにくいからです。岩石の並び直しが簡単にできれば、ひずみのない新しく安定した地殻に移るのですが、実際にはどこかに引っ掛かり、なかなか再配置ができません。

再配置ができないと、ひずみのエネルギーが岩石の中に蓄積していくことになるので、それがいつの日か瞬間的に解放されるようになります。これが、地震のメカニズムです。

小さな傷が多い岩石はひずみエネルギーが溜まると、すぐ動いて解消するので、大きな地震は起きませんが、地震が起きる確率は増えます。

これは茨城あたりの岩盤に該当しますが、ここでは頻繁に震度1や2という微弱な地震が起きています。地震が起きるごとに岩盤が再編成されるので、やや安定な方向に向かいます。したがって、茨城のように地震が頻繁に起こる場所では、大きな地震はほとんど起きないのです。

しかし、太平洋側の海岸線のように岩盤がしっかりしているところでは、ひずみが大きくなっても、それが破壊することがありません。典型的な例としては、東日本大震災のように1000年に一度という大地震の可能性が高まるのです。

地殻は硬い岩石でできていますが、日々動いているので、日本列島にひずみが増えていくのは間違いありません。

ひずみが増えていくと、そのひずみがどこかで割れて、別の地殻構造になって安定するということを繰り返しているのです。日本が一年間に有感地震だけで4000回起こると言われるのはそのためです。

つまり、日本列島が少しずつ動いている限りは、必ず岩石にひずみが入り、そのひずみが定期的に解消されるのです。地震がない国や地域というのは、地殻がほとんど動かず、何千年、何万年とひずみが溜まらないからです。

また、地震の大きさは、ひずみエネルギーの大きさによるものなので、地殻の中にその測定器を置けば、どのくらいの規模の地震が起きるかという予想ができます。

大きな地震が起きる可能性が高いのは、三陸沖や東海地域、いま問題になっている南海地域などであり、これは地震が起きたとしたら、ひずみエネルギーが大きいので大地震になるということを示しています。

しかしこれは地震の大きさだけであって、いつ起こるかということとは関係がありません。

「ひずみのエネルギーが大きければ、地震が起こりやすい」と思われるかもしれませんが、ひずみエネルギーが大きくても、岩盤が崩れていないということは、「岩盤がしっかりしているので、地震が起きにくい」とも考えられます。

つまり、ひずみエネルギーが蓄積していることと、地震がいつ起こるかということはまったく別の話です。ひずみエネルギーの大きさは、地震の大きさとは関係していますが、いつ起こるかということとは関係ないのです。

結論としては、日本では、「長い年月でみれば、必ず大きな地震が起きるが、それはいつ起こるかわからない」ということになります。

エネルギーが蓄積するのに時間がかかるので、大きな地震ほど頻繁には起こりません。２０００〜３０００年に１回、１０００年に１回、何百年に１回、起こるということになります。

これまでの日本の大地震をみると、東日本大震災級のマグニチュード９は１０００年に一度、関東大震災級のマグニチュード８は２００〜３００年に一度起きています。

「能登半島地震」からの教訓

次に、直近に起こった大地震「能登半島地震」について理解を深めようと思います。

能登半島地震は、2024年1月1日16時10分に石川県の能登半島（珠洲《すず》市内）で発生した内陸地殻内地震です。地震の規模はM7・6、輪島市と羽咋《はくい》郡志賀町で最大震度7を観測しました。

能登では、6000年間に大きな地震が4回あったと言われています。そして能登の地震はほとんどの場合、半島の北側が隆起して起こっています。これは北側から進入してくるプレートに対して、地盤が跳ね上がるからです。そして、2024年1月にもマグニチュード7・6の巨大地震が起きました。

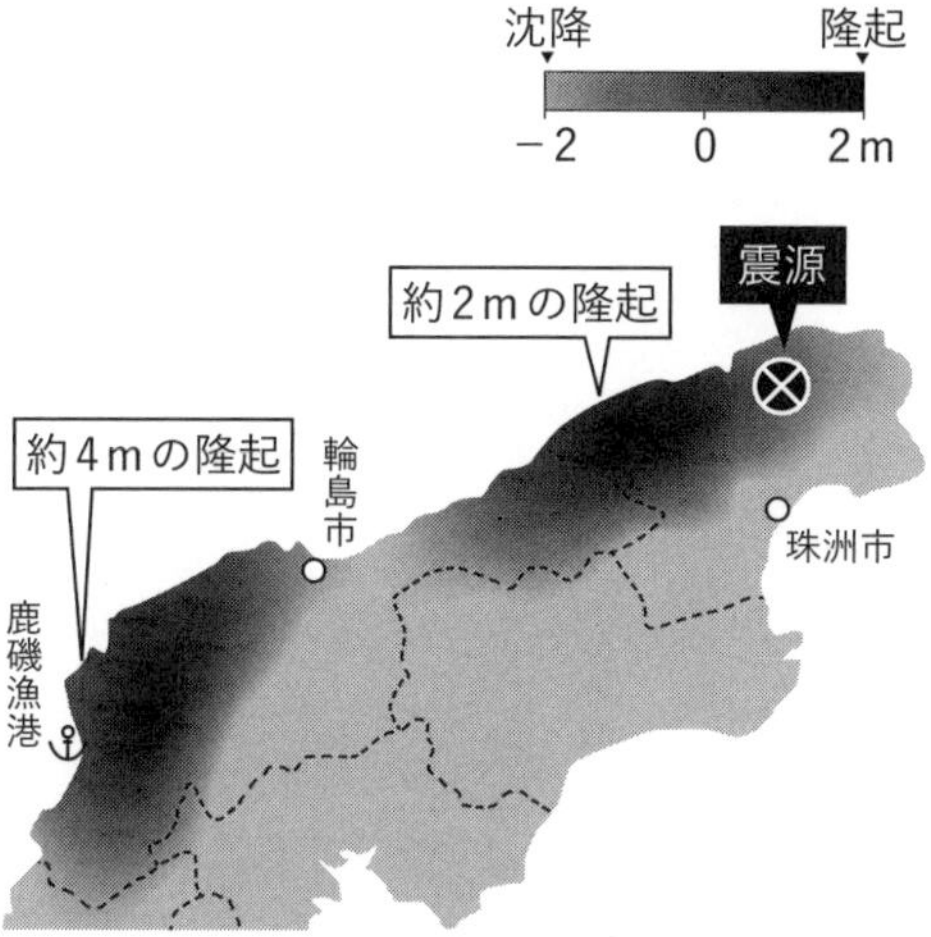

【図7】能登半島地震に伴う地殻変動
（出展：国土地理院のデータを基に作成）

今回の地震では、震源と隆起する場所が少し離れていました（図7）。震源（珠洲市）近くの海岸沿が約2m隆起して、少し離れた輪島市の鹿磯《かいそ》漁港付近が4m隆起しました。

テレビの報道などで画像を見た方もいると思いますが、人よりも倍以上の高さに隆起した岩盤があらわになり、地震の状態がよくわかるものでした。

地震は、日本全体のどこでも起こる可能性があります。政府等が地盤の調査を進めていますが、日本列島の全域を調べているわけではないため、能登半島のように調査が不十分な地域もあります。

また、過去にどれくらいの隆起があったか、地震の大きさがどれくらいだったかはひずみ計などで測定できますが、地殻の破壊がいつ起こるかを予測することは現在のところ、その手段がありません。

したがって、もし能登半島の調査が進んでいたとしても、地震の規模は推測できますが、その時期については数千年の間で1〜2回の頻度で起こるということがわかるだけです。

今回の地震で地盤の構造が変わり、頑丈になっていれば次の地震が起こるまでの時間は長くなりますし、もし柔らかくなっていたら地震が頻繁に起こるということになります。そして、これも確定的ではありません。

実際に、地震の被害に遭った能登の人たちは、大切な家族や住む家を失い、いまでも不自由な生活を強いられています。それは、地震への備えが確立されていないからです。地震を予知することと、そこに住む人たちがどのくらいの被害を受けるのかということは別問題なのです。

ここまで見た地震に関する基礎的な知識は、本来、政府や報道機関が国民に対して情報を開示すべきことです。それによって、国民一人ひとりが自分なりの対策をとることができるようになるのです。

防災対策組織の必要性

地震や津波、噴火は社会全体が大きな損害を受けますが、台風や大雨での堤防の決壊、土砂崩れなどにも注意が必要です。これらの自然災害に、国家としてどう対応していくかが喫緊《きっきん》の課題となっています。

まず、気象に関するオフィシャルな団体をつくることが求められます。

現在、公益社団法人日本気象学会がありますが、残念ながら利権の巣窟《そうくつ》になっていると言われています。これについて断定は避けますが、外部から内情が見えない状態になっていることだけは確かです。

例えば、福島第一原子力発電所事故（２０１１年３月11日）の際、気象学会員に対して

「福島の風向きを発表するな」という指示が、どこからかあったと報道されたことがあります。この報道を受け、私が知人の気象学会関係者に問い合わせたところ、「福島の風向きについては言えない」と返答されました。

原発事故が起こると、原発から放射性物質が放出されることがあります。その放射性物質は、非常に危険性が高いものです。これは同心円状に拡散していくわけではなく、風に乗って風下に流れていきます。そのため、事故直後で大切なことは「風向き」を知ることなのです。

ところが、政治的な判断により「発表しない」ということが行われました。風向きを発表すると危険な地域が特定され、その地域が評判を落とすからでしょう。つまり、安全より評判を優先したわけです。

福島原発時の「風向き」に関しては、日本の気象庁がＩＡＥＡ[*16]（国際原子力機関）に報告し、ＩＡＥＡから世界中に流しているデータをドイツやイギリスの政府が発表していたので、私はそれらのデータを入手することができました。

日本のような独立国が原子力発電所を運転している場合、原子力発電所が事故を起こしたら真っ先に、ＩＡＥＡに報告する義務があります。つまり、事故の概要と風向きについての報告が必要なのです。自国では情報を隠しながら、他国には報告している現体制に疑問を感じざるを得ません。

もう一つの例が、御嶽山《おんたけさん》の噴火です。

御嶽山噴火[*17]は、2014年9月27日に発生した長野県と岐阜県の県境に位置する御嶽山（標高3067m）の火山噴火災害です。噴火警戒レベル1（平常）の段階で噴火したことなどの様々な要因により、火口付近に居合わせた登山者ら58名が死亡、5人が行方不明という戦後最悪の火山災害となりました。

御嶽山の噴火で犠牲になった人は、無念だろうと思います。なぜなら御嶽山の山頂で地震を測定していたはずの地元自治体の地震計は故障していて、11月頃に名古屋大学から新しい地震計が運ばれる予定だったからです。

御嶽山の噴火を予知できなかった大きな理由の一つは、「地震計が壊れていた」ということでした。これに対して噴火予知委員会は「頂上の地震計など関係ない」と言い訳をしました。それが本当なら、地震計など最初からいらないですし、科学の常識から考えても「遠くにある地震計」より、「できるだけ近くに、多くの観測点があるほうが良い」のは当然です。

地震計が壊れていたことが明らかになると「もともといらないもの」と釈明しながら、実は急いで設置しようとしていたのですから非常に不誠実です。

また、噴火の危険性を示す「レベル1」（安全に登山できます）とされていたことに関しては、「火山はいつでも噴火する。そのくらいのことはわかっているはずだ」と開き直るのです。

もともと御嶽山は学校の遠足でも行くところで、8号目までロープウェーが行っています。ですから、噴火予知委員会は「御嶽山で50人もの犠牲者がでるような噴火はない」と判断していたのは明白です。

当時、私はこの経緯を何度か発信していたのですが、あるとき「武田を出すな」という圧力がテレビ局にあったようで、その番組に出演することができないことがありました。

このように、日本の防災対策組織は機能していません。情報を隠蔽《いんぺい》し、国民の命や財産より、組織や自分の地位を守ることを優先しているからです。

地震や津波、噴火などの自然災害に対応するためには、学者と専門家、関係機関などが公聴会のようなオープンな場所で議論を重ねなければなりません。そして、裁判官に相当するポストをつくり、社会全体の危険を未然に防止する。これを早急にやらなければならないと私は考えています。

そのような意味では、現在の日本の裁判所は比較的上手く機能しています。

裁判所では、弁護側と検察側がそれぞれの意見を陳述し、あるいは証人が出て、それを裁判官が聞き、傍聴席から一般市民も聞くことができます。

すべての決定関係が、個人が犯罪に巻き込まれたような場合でも、つまり個人情報に関わることでもかなりオープンになっているわけです。

地震や津波、噴火は、個人情報ではないので、一般的な裁判より、より情報を公開しやすいはずです。

地震に対する正しい恐れ方

「いつ、どこで」という地震予知は難しいのですが、「いつか、どこかで」必ず地震は起こります。政府は頼りになりませんから、国民一人ひとりができる範囲で備えることは必要です。

災害時用の備蓄品をそろえたり、避難場所の確認をしておくことはもちろんですが、やはり地震には家の中の安全対策が重要です。

地震で危険なのは、重たいものが上から落ちてくることです。亡くなる原因はこれによるショック死がほとんどです。背の高い本棚や箪笥《たんす》、冷蔵庫が倒れないようにしているご家庭も多いと思います。

ここで注意してほしいのが、「落ちてくる」という表現です。大きな横揺れ地震の場合、テレビや電子レンジなどの重い物が横から飛んできます。高いところから、落ちてくるだけではないのです。

現在、私の自宅には背の高い家具はありません。今から20年くらい前に整理して、重い物は膝より少し高いところに置いてあります。そのようにしたら、予期せぬことが起こりました。家族に安心感が生まれたのです。「もう地震が来ても大丈夫」と。

このような備えをしておくと、家の中で命を落とすことはまずありません。心理的にも良い影響を与えてくれます。

古い家の場合は、倒壊が心配です。できれば改築していただきたいのですが、難しいのであれば、2階に重い物は置かないことです。重たい瓦が乗っている家は、そこだけでも修繕したいところです。

日本は地震大国ですが、けっして不幸だとは思わないでください。日本列島は、地震があるからこそ今のかたちを保っているのです。

約2500万年前頃に、プレートの沈み込みの影響で火山噴火などの活動が激しくなり、

イエローストーン国立公園
（Wikipedia より）

ユーラシア大陸の縁が割れ始めます。割れたところに海水が流れ込み、やがてそれは日本海になり、大陸から離れていく大地が日本列島を形成していきました。

本来であれば太平洋プレートと一緒に沈みこんでしまってもおかしくありませんでした。ですが、太平洋プレートはハワイあたりでマグマが噴き上がっていて、その岩石が海底を長く移動してくる際に冷やされます。冷え切った岩石は重たいので、日本列島の下に潜っていきます。その反動で日本列島が持ち上がり、今の形を維持できているのです。

日本のように周りが海に囲まれて、魚介類が豊富にとれ、四季がある国は世界でも稀です。自然現象は、時に厳しく時に優しい両面があるのです。

例えば、イエローストーン国立公園。[*18] ここは火山地帯なのですが、世界で初めて国立公園として認定されました。アメリカ合衆国のモンタナ州、ワイオミング州、アイダホ州にまたがる総面積8980㎢もの広大な敷地に地球上の約半分の温泉、約3分の2もの間欠泉があり、七色に輝く巨大な温泉など、熱水現象による極めて特異な自然景観を成しています。

この火山地帯は、いずれ大噴火が起こると予想されています。しかし、人々は現在でもイエローストーンを訪れ、観光を楽しんでいます。

地震を理解し、正しく恐れる――。気楽な心持ちで、この日本列島でこれからも生活していきましょう。

第4章

気候変動から日本をどう防衛するか

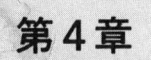

日本のＳＤＧｓ対策①
「海流の利用」

現在は地球が温暖化するという前提で対策をとっていますが、より深刻になるのは寒冷化です。したがって長期的に考えると、温暖化と寒冷化のどちらにも通じる対策をしていく必要があります。

日本の風土に合ったＳＤＧｓ対策と気温のコントロールという大きな国家政策を実現していかなければなりません。

ここでは、これから日本がとるべきＳＤＧｓ対策を３つ提案したいと思います。

①海流の利用
②都市の構造改良
③人口の自然減を利用した地方分散

1つ目は「海流の利用」。これは海洋性気候を利用した科学技術によって、日本列島の気温を上げたり下げたりしようとするものです。

海水はたえず動いていますが、決まった向きに流れるものを「海流」と言います。海流は、海水の温度によって「暖流」と「寒流」に分けられます。

日本周辺には4つの海流があります。暖流の「日本海流（黒潮）」と「対馬海流」、寒流の「リマン海流」と「千島海流（親潮）」です。

また、海水面（表層）の水温は、赤道付近で高く（約25〜30℃）、北極や南極付近で低く（約2〜3℃）なっています。その他の地域は季節によって広く変化します。

海水面の温度は地域差が大きいのですが、深海（一般的には200m以深）の海域帯の水温は、だいたい2〜4℃でほぼ一定となっています（水深3000m以深では水温は

1・5℃程度で一定）。それが地球を循環しています。この熱量は膨大です。

空気と水を比較すると、熱容量（熱を保つ能力）が水は空気の３００倍以上あります。したがって、水によって、空気の温度を制御できます。

例えば、風呂場の中をいくら温かくしても風呂の水は沸きませんが、風呂を沸かしてフタを開ければ風呂場の温度は高くなります。つまり、水の熱量を利用して、生活空間の温度をコントロールできるということです。

千葉県の勝浦市は１９０６年以降一度も35℃を超える「猛暑日」がなく、30℃を超える気温もわずか数日のみとなる関東随一の避暑地となっています。

勝浦の海はちょうど黒潮と親潮がぶつかる海域にあり、陸の近くで急激に深くなります。南からの黒潮と北からの親潮が勝浦でぶつかり、下層の冷たい海水が持ち上げられる（沿岸湧昇）効果により、周辺より海面水温が低くなります。すると空気が冷やされ冷たい風となって陸地に届くので、涼しい気候になるのです。

一方、冬は黒潮の影響もあり、厳しい寒さにはなりにくく、年間を通して過ごしやすい地域の一つです。

また、ヨーロッパが亜寒帯にもかかわらず、人口密度が高くて文化が発達したのは、メキシコ暖流という非常に暖かい水が赤道付近からヨーロッパのほうに流れているからです。

日本列島の気温は、太平洋側を通る黒潮の温度にかなり影響を受けます。この温度が、25℃を超えると日本の夏の気温は相当高くなります。暖流である黒潮の流れを制御できれば、夏の気温も冬の気温も同時にコントロールすることが可能です。

具体的には、沖縄の東あたりに「垂直」と「水平」の巨大な堰《せき》を設けるのです。

温暖化を制御したいときには、「垂直の堰」を設置します。

垂直方向の堰を設置することによって、下層の冷たい海水を表面に持ち上げることができます。南から流れてきた生まれたばかりの黒潮と冷たい海水が表面で混ざるので、25℃以上の表面海水温度も20℃付近まで下がります。これで日本列島を5℃くらい冷やすことができます。

反対に、寒冷化を制御したいときには、「水平の堰」を設置します。

水平方向の堰を設置することによって、今度は表面の暖かい黒潮だけが日本列島のほうに流れてきます。これでおおよそ2～3℃の気温の上昇が見込まれます。

堰を設けることで、プラス側に約２～３℃、マイナス側に約５℃の変化をもたらすことができるのです。そしてこれは海流自身の運動を利用しているので、堰を設置さえすれば動力なしで気温をコントロールすることができます。化石燃料も電気も使用しない、非常にＳＤＧｓな対策です。

実際に堰を設置するには精密な計算が必要であり、材料費や建設費など多額の費用がかかるかと思いますが、将来的に暖房や冷房にかかる費用に比べれば大幅なコスト削減になるでしょう。

日本のＳＤＧｓ対策②「都市の構造改良」

２つ目は「都市の構造改良」です。

東京や大阪のような大都市はアスファルトの影響で、土が露出している地方に比べて、夏の暑さがかなり厳しいものになっています。また、冬の大雪や台風の影響による交通機関の乱れも問題となっています。

夏の酷暑に関しては、現在のアスファルトを透水性のあるものに変えたり、全面舗装しているところを隙間をあけた縞状の舗装に変えてその間に草を植えたりすることによって、気温を下げることができます。また、ビルの屋上や壁面の緑化なども有効です。

しかし長期的な視点でみると、より抜本的な都市の構造改良を考えるべき時期にあると思います。例えば「ドーム都市」による構造改良です。

直径3㎞から5㎞のドーム型の都市を造ることで、ドーム内を一定の温度に制御することができます。このドームは繋ぐことができますので、任意の大きさのドーム都市が建設可能です。

現在のビルのように外部と熱の交換が多いところを冷房したり、暖房したりすると、常に壁を通じて外気との間の熱交換をしたかたちで冷暖房するため効率が悪いのです。そこをドーム都市にすれば、壁の面積は内部に住んでいる人の数に比べて極端に少なくなるため、かなり効率が上がります。

しかもこの未来都市は、外気との間を遮断することができるので、雨は降らず、暴風も来ません。また耐震構造を免震構造にするので、地震の揺れは震度4以上にならないようにすることができます。

実際に計画されているドーム都市のような高層ビルプロジェクトが存在します。サウジアラビアの「THE LINE」[*19]です。

全長170㎞の長方形のビルの中は、外側がすべて鏡の壁で囲われており、必要とするエネルギーはすべて再生エネルギーで賄《まかな》うことが可能です。気温も制御されており、年間を通して、安定した快適な気温を保つことができます。夏は光が入ってこないように遮光します。冬は強い太陽の光が暖房となります。

これは日本の大手建築会社が研究し、サウジアラビアで実験的に行われていますが、冷暖房費は現在の約10分の1になると計算されています。

そして自然との関係は、今までのように「動物の住むところを限定する」ので、「人間がドームの中で生活する」という考え方に変わります。「都市ドーム」という中世のお城のような中で人間が生活し、原則としてドームの外側は「田畑、林野、雑木林」などで「動植物の領域」になります。

前述の通り「都市ドーム」には天井があり、冷暖房、免震構造で造られているので、暴風雨なし、猛暑、極寒なし、地震なし、有害物質なし、空気が綺麗な生活環境が保たれます。傘も不要、天気予報もなくなります。

地震が来ても免震構造で揺れませんから、地震予知は不要で、津波があってもドームの外までしか来ません。したがって、天変地異で命を脅かされることから解放されます。

また、天井に設置されたＧＰＳで管理されているので、自動車事故はなし。犯罪率も減少するでしょう。

山奥には広葉樹を植えて、ドングリなどを野生動物が食べます。森林を利用するためにドームに近いところには針葉樹と製材工場を配置します。

火力発電所、大規模工場、浄水所などは適宜、ドームから適切な場所に設置し、そこまでは専用の道路と鉄道が配置されています。その頃には、ほとんどの工場がＡＩで自動運転になっていますので、監視はドームの集中管理で行います。

日本のSDGs対策③
「人口の自然減を利用した地方分散」

3つ目は「人口の自然減を利用した地方分散」です。

SDGsの観点からも、東京や大阪など一部の都市に人口が集中している現状は問題です。地方分散型にし、大都市の人口を減らしていく必要があるのですが、幸いなことに日本は自然な人口減へ向かっています。

ですから、無理に人口を増やす必要はありません。少子高齢化による労働力不足が心配されていますが、ITやAIの導入や計画的な開発によって、日本は移民に頼ることなく持続可能な社会を目指すことができます。

確かに、ＩＴやＡＩの実装が軌道に乗るまでは労働力不足が発生するかもしれませんが、人口の問題は、１００年単位で考える必要があります。

現在、日本列島には約1億２０００万人が生活しています。原始的な生活をするならなんとかなるかもしれません。しかし現在のように多エネルギー消費型で、自動車の移動、冷房暖房の利用などの生活と調和しようとするには、今の人口は多すぎるのです。

ヨーロッパの人口比率と比べてみると、日本の人口は４０００万人くらいでバランスがとれるという計算になります。

「日本には資源がない」という勘違い

「日本には資源がない」と思っている人が多いようですが、実は「日本は資源大国」です。ひと昔前までは、石炭の山を持っていたら「石炭王」でした。当時は山の権利だけ持っていれば、あとは「鶴嘴《つるはし》」を手配すればよく、何の工夫もいりません。

ところが現代は、大型機械（重機）による露天掘りが主力で、表土除去や発破、大型トラックによる輸送、大型シャベルを使った積み替えなどの技術によって生産コストが決まり、質の悪い技術を使うとたちまち赤字に陥ります。

原油も、かつてはパイプを地下に刺し込めば自噴するという油田が多かったのですが、近年は水を圧入したり、さらにシェールオイルのように3000mも地下からくみ上げる技術が必要です。
化石燃料はその成因から、「掘削が困難になるほど埋蔵量も増える」ということなので、将来はさらに「技術の勝負」になるでしょう。

つまり、現代の「資源のある国」は、単に資源があるというだけではなく「(資源を採掘する)技術がある」に変わってきているのです。日本には、その「技術」が十二分にあります。

また、日本は世界で唯一の温帯の島国で、偏西風が吹き、砂地でできていて、列島中央には山脈がある。だから、石灰石、降雨や淡水、連作できる田畑、豊富な漁場、多種類の植物などに恵まれています。

石灰石は年に2億tも取れ、淡水は豊富で、しかも上質の軟水であり、飲料水にもなる雨は日本人が飲む水の10万倍も降る。中国から毎年、弱アルカリの黄砂[20]がやってくるので、それで田畑や近海が中和されて連作が効き、豊漁が続く……。

これのような国が、なぜ「資源がない国」なのでしょうか。

日本列島からCO_2を排出しても問題なし

前述のとおり、日本は「資源のある国」であり、かつエネルギーの消費量も大きく、人口も1億人を超える大国です。普通に考えれば、エネルギーの消費量を減らしたり、温暖化ガスの排出を減らすために化石燃料から太陽光などに変えたほうが良いように思うでしょう。しかし、日本だけは世界の温暖化対策とは「逆」になります。

日本は列島で四方が海に囲まれています。そして、常に偏西風が吹いていて、列島の中央には3000m級の山々が連なっています。温帯なので春夏秋冬の季節がハッキリしていて、春は中国大陸から黄砂が飛んで来ます。

それが終わると梅雨前線が停滞して大量の雨を降らし、冬は日本海からの湿った空気が山脈にぶつかって雪を降らします。実に変化にとんだ環境なのです。

CO_2は炭素を燃やしてエネルギーを得るときに出ます。生物の体内の炭素を燃やすための呼吸で、家庭ではガス、風呂、家電製品などを使った際の電気で、その他自動車など多種多様な活動でCO_2が放出されます。

原子力や太陽光などを除くと、私たちの使っているエネルギーはほとんど炭素によっていると言えます。原子力でも建設に使うセメントと鉄鋼、太陽光ではシリコンと設備、水力発電所の場合は土木工事とコンクリートというように、一見して炭素を使わないエネルギーでもほぼ同等の化石燃料を使っています。

日本列島からCO_2を出すと偏西風に乗って太平洋に出ます。CO_2は分子量が44と大きく、空気の29より重たいので、発生したばかりのCO_2は比較的低空に存在します。ですから海面と接したり、海面の波で吸収されたり、さらにひと雨降れば雨粒は小さくて表面積が大きいので、CO_2を吸収しやすく直ちに海水に溶けます。

つまり、「日本ではCO_2を出しても温暖化の原因にはならない」ということです。国の東方が大陸であるヨーロッパとは、まったく環境が違うのです。

本当の「CO_2問題」とは？

第1部の最後に、「CO_2」について改めて考えてみたいと思います。

環境問題が議論されるなかで、CO_2はいつも悪役です。しかし、CO_2ほど生物にとって必要不可欠な物質は他にありません。

地球が誕生したとき、大気の95％がCO_2でした。地球というのは、もともとCO_2の星なのです。

それから46億年の歳月をかけて、大気は窒素78％と酸素21％を主成分とする組成になり、そしてCO_2は海洋に溶けたり、カルシウムに吸収されたりすることにより、現在は0・04％まで激減しました。

我々生物はCO_2が体の原料であり、エネルギー源なので、CO_2がないと生きていくことができません。地球に生物が繁栄したのは、CO_2と水と太陽光、この3つがあったからです。これらがなければ、地球に生物は誕生しなかったでしょう。

CO_2がなくなると生物は絶滅します。ですから、現在の最も危機的な環境問題は「CO_2の減少」なのです。

私の計算では、あと500万年で生物は絶滅します。500万年は長く感じられるかもしれませんが、地球史からみれば500万年はすぐそこです。地球誕生から約36億年、多細胞生物が生まれてから約6億年です。6億年間CO_2を消費続けてきて、CO_2はあとわずかしか残っていません。

地球上のCO_2がいちばん減ったときが、産業革命前夜の0・028%です。それが人間の経済活動によって0・04%まで持ち直しました。産業革命時0・028%だったものが、現在は0・04%になっているということは、人間の活動によって、大気中のCO_2の量をコントロールできるということを示しています。

ですから、我々はCO_2をどんどん排出して元の地球の大気の状態に戻さなければいけません。さらに言えば、産業革命から第二次世界大戦の間のCO_2の放出量は、現在に比べると微々たるものです。それは、現在の工業力から言えば、さらにやりやすいという理屈になります。

これが、「CO_2問題」の本当に正しい科学的な判断です。

現在、温暖化対策で研究費をもらっている学者が、科学的にはまったくでたらめなことを言っています。

例えばCO_2を溶解すると、海が酸性になるということですが、そのようなことがもし起こるのであれば、かつて地球の大気の中のCO_2が非常に高いときは、海はすっかり酸性になっていたはずですが、そんなことはありません。

もともと岩石などは若干のアルカリ性であるのが普通で、CO_2が溶解すると、その一部は岩石と中和反応を行って、むしろ中性になるという傾向にあります。

これは科学では初歩中の初歩の酸塩基反応であり、このようなことが話されていること自体が、地球温暖化がいかに政治的な問題であるかということを示しています。

CO_2が増えたら地球がどうなるかのシミュレーションなど必要ありません。なぜなら、地球史はCO_2が減り続けてきた歴史だからです。

CO_2が増えたらどうなるかは「CO_2の濃度が高かったとき、地球はどうだったか」ということを調べればいいだけのことです。

現代よりCO_2の濃度が高い時代でも、恐竜も人類も生きていたのです。

注釈①

＊1　**ダイバーシティ**　「多様性」を意味し、人種や国籍、性別、年齢、障がいの有無、宗教、性的指向、価値観、職歴など、様々な面において異なる属性を持った人々が共存している状態。

＊2　**サステナブル**　「持続可能な」という意味の言葉で、社会面や環境面を考慮しながら、現在の自分たちの生活や経済活動が将来の世代や環境に悪影響を及ぼさないようにするための指標としても使われている。

＊3　**ダイオキシン騒動**　平成初期、子どもの多動、自閉症、学習障害やカエルの奇形、卵巣を持ったオスの魚などの様々な異常現象の原因がダイオキシンをはじめとした合成化学物質とされ法案によって規制されたものの、ダイオキシンの排出量と異常現象の相関関係が見られなかった騒動。

＊4　**中世温暖期**　およそ10～14世紀にかけて続いたヨーロッパが温暖だった時期。グリーンランドに氷床がなく、イングランドには大規模なブドウ園が存在した。

＊5　**小氷河期**　およそ14世紀半ば～19世紀半ばにかけて続いていた寒冷な時期。氷河学的にはこの時期や現在もそうだが、氷期の中でも比較的温暖な時期が続く、間氷期にあたる。

＊6　**天明の大飢饉**　江戸時代中期の1782年から1788年にかけて発生した飢饉で、当時の元号から天明の大飢饉と呼ばれている。以前から続く悪天候や冷害により農村部を中心に疲弊していた状況のなか、岩木山と浅間山が噴火。火山灰などの火山噴出物が成層圏で日光を遮り、農作物に壊滅的な影響を与え深刻な飢饉状態となった。飢饉とともに流行した疫病も影響し、全国で92万人あまりが亡くなったともされている。

＊7　**新生代**　約6500万年前から現代までにあたる、地質時代の大きな区分の一つ。多くの場合、鳥類を除いた恐竜やアンモナイト、海生爬虫類が絶滅したあとの、哺乳類が繁栄した時代のことを指す。

＊8　**恒温動物**　気温や水温などの周囲の環境に左右されることなく、自らの体温を一定に保つことのできる動物。体内で熱を生産するその性質から変温動物とは違い気候変動に強く、また、生息域を拡大することができた。

＊9　**氷河時代**　地球の気候が寒冷化し、地表と大気の温度が長期にわたって低下する期間。氷河時代の中には定期的に訪れる寒冷な気候の氷期と呼ばれる時期と、氷期と氷期の間の断続的な温暖な気候の時期である間氷期が存在する。

＊10　**類人猿**　ヒトに似た高度な知能を有し社会的な生活を営んでいる。テナガザルやゴリラ、オランウータン、チンパンジー、ボノボなどが該当する。

＊11　**オイルショック**　１９７０年代に二度発生した、原油の供給逼迫および原油価格の高騰に伴い、世界経済全体が来した大きな混乱の総称。

＊12　**ＩＰＣＣ**　気候変動に関する政府間パネルの略称。国際的な専門家で構成された地球温暖化についての科学的な研究の収集、整理のための政府間機関。地球温暖化やそれに対する政策、対策技術の評価などを提供している。

＊13　**環境ホルモン**　正式名称を外国性内分泌攪乱物質という、環境中に存在する化学物質のうち、生体にホルモン作用を起こしたり、逆にホルモン作用を阻害するものを指す言葉。日本では１９９８年に環境庁が「内分泌攪乱作用を有すると疑われる化学物質」67物質をリストにしたが、研究の末ほとんどの物質が有意性がないことが示された。

＊14　**ＩＳＯ**　１９４７年に設立されたスイスのジュネーブに本部を置く、各国の国家標準化団体で構成された非政府組織。国際的な標準である国際規格（ＩＳ）を制定している。

＊15　**松代群発地震**　長野県埴科郡松代町（現長野市）付近で１９６５年８月３日から約５年半もの間続いた、世界的にも稀な長期間にわたる群発地震。震度５が９回、震度４が48回、その他合わせて総有感地震６万２８２６回にも及び、負傷者15名、10戸全壊などの被害を記録した。

＊16 **IAEA**　国際原子力機関の略称。原子力と放射線医学を含む核技術の平和的利用の促進や原子力の軍事利用の防止を目的とした機関で１９５７年に創立された。本部をオーストリアのウィーンに置く。

＊17 **御嶽山噴火**　２０１４年９月27日11時52分に発生した長野県と岐阜県の県境に位置する御嶽山の火山噴火災害。噴火警戒レベル１（平常）の段階で噴火したことなどの様々な要因により、火口付近に居合わせた登山者ら58名が死亡、行方不明５人、日本における戦後最悪の火山災害となった。計測上噴火の前兆となる特徴的な数値は記録されていなかった。

＊18 **イエローストーン国立公園**　アメリカ合衆国のアイダホ州、モンタナ州、およびワイオミング州に位置する世界初の国立公園。園内には様々な間欠泉や温泉が散在しているほか、グリズリーやオオカミ、アメリカバイソンなどが生息している。

＊19 **THE LINE**　サウジアラビア王国で進む大規模なスマートシティプロジェクト「ＮＥＯＭ」が発表した幅２００ｍ・全長１７０㎞・高さ５００ｍにも及ぶ大規模な直線型構想都市プロジェクト。34㎢の中に９００万人の受け入れを予定しているこのプロジェクトは、人口密度を高めることによりインフラの効率性を高めている。

＊20 **黄砂** 主に中国北部やモンゴルから強風によって東アジアなど広範囲に降り注ぐ砂のこと。砂塵の濃度が高い場所では動植物に被害をもたらすが、土地を耕したり、含まれているミネラルがプランクトンの生育に寄与している場合もある。

第2部

AI革命による、持続可能な社会

第5章

なぜ
自由と平等の世界が
実現しないのか

「力が正義」
――欧米流の思想

この第2部では、多様で持続可能な社会を構築していく上での、本質的な問題を検証していきたいと思います。

なぜ「自由と平等」の世界が実現しないのでしょうか――。

それは、我々の社会にはある種の〝正義〟が根底にあり、それを基にして様々な社会システムが構築されているからです。このことを理解せずに、いくら「自由と平等」の旗を立てようとしても上手くいくはずはないのです。

人間社会は、大きく分けて2つの「正義」によって発展してきました。

- 「力が正義」（主に、欧米）
- 「自然が正義」（主に、日本）

欧米流の「力が正義」という思想では、力のない者は必然的に下層に落ちていきます。例えば、紀元前600年あたりの現在のギリシア地域では奴隷が多くいました。当時のギリシアは、典型的なポリス[*21]（都市国家）であり、その中でも代表的なポリスがスパルタとアテネです。

そこでは、約10%が普通の市民、約30%が下層市民、そして残りの約60%が奴隷でした。奴隷はもちろん、下層市民も多くの権利が奪われていましたので、自由という権利を持っている市民はわずか10%だったのです。

ギリシア哲学は今でも非常に高く評価されており、ソクラテスやプラトン、アリストテレスなどは世界各国に多大な影響を及ぼしました。古代ギリシアの哲学者を強く尊敬している日本の文化人も多いのですが、私はまったく意見が違います。

なぜなら、奴隷を使っても平然としている、自分たちの階層さえ良ければいいという精神構造の中で考えられた国家観や社会理念は信用できないからです。

さらに注意しなければならないのは、欧米思想には「二面性」があるということです。実際に暮らしている生活と、自分たちが正しいと思う考え方がまったく違うのです。

これは16世紀以降のヨーロッパにも現れています。いわゆる白人たちは有色人種の国や地域を植民地にし、その住民たちを働かせ、その富で自分たちはコーヒーを飲み、ケーキを食べ、綺麗な着物を着て、ピアノを弾いている……。その状況で、正義や自由というものを議論していたのです。

そして、動物に対する見方も同様です。欧米の宗教（キリスト教など）では、人間だけが神様に似せてつくられていて、その他の動物はほとんど無視していいという扱いです。

また、人種や性別による差別も大きく、ヨーロッパの宣言文などを訳すときに、「人は平等である」と記載のあるその「人」とは「白人男性に限る」という場合が多いのです。

「自然が正義」――日本流の思想

一方、「自然が正義」という思想は、自然をよく観察しないと出てこない考え方です。自然界の大きな特徴の一つに、支配層の数が増えないということがあります。サバンナにおけるライオンの数がなぜ増えないのか、中央アジアのオオカミの数がなぜ増えないのか、日本のクマの数はなぜ増えないのか――ということです。

典型的な例としては、アメリカ五大湖内のロイヤル島におけるシカとオオカミです。

この島にはシカが先住しており、天敵がいないのでその数を増やしていきました。ところが、数が増えすぎたシカは、島に生息する草や木の芽を食べ尽くしてしまい、大量に餓死してしまいます。一時は3000頭だったシカが、600頭まで減少したと言われています。

そこへ、オオカミが進出してきました。シカはオオカミに捕食されてしまうのですが、シカは一定数以上は減りませんでした。それは、オオカミがむやみに捕食しなかったからです。そして、オオカミは自らも必要以上に繁殖しなかったのです。

オオカミが来る前、シカは後先のことを考えずに島の草や木の芽を食べつくして大量に餓死したのですが、オオカミがやって来たことで皮肉なことに餓死するシカは減少しました。

日本のクマも同様です。北海道ではヒグマが圧倒的に強く、本州でもツキノワグマが最強です。ですが彼らは、無限に鮭をとったり、小動物をとったりしません。自分たちの数をもコントロールしています。

このように、オオカミやクマのようなその地域での支配的動物は、全体を制御する力を備えているのです。

また、植物の場合もいちばん強い植物は、日当たりの良い場所や水はけの良い場所で生息しますがそれ以上のことはしません。弱い植物のテリトリーまで進出しないのです。

そのため、動物も植物も力の強いものから力の弱いものまで、その数はあまり変わらずに生存することができます。まさに、共存共栄になっています。

それぞれの性質を力の強さに応じて、お互いに不満のない持続的な社会を構成しています。これが動物や植物の知恵です。このような知恵は、約6億年前に多細胞生物が誕生してから多くの動植物が成長してきた過程で得たものです。

この知恵は書き換えができないかたちで、伝統的な脳の中で、小脳や松果体《しょうかたい》にずっと入って消えないものです。つまり、これが本能や遺伝というものです。この蓄積の中には、強いものが全部食べては駄目、力の正義では駄目というものがあります。

6億年の歴史の中で学んできたものが進化として、伝統的な脳の中に、大脳の下にあるいろいろな脳の一群、脊椎《せきつい》など、一部は細胞や腸にもそういう機能があると言われています。

この自然界における知恵を取り入れてきたのが日本です。平安時代の末期や戦国時代のような混迷の時期もありましたが、長く共存共栄型の社会を維持し、「自然が正義」という思想で我国は発展してきました。

日本には西洋のような奴隷はいませんでした。天皇という存在も、「権威」であり「権力」

ではありません。織田信長でさえ、天皇に頭を下げ、その座を奪うことはありませんでした。

動物に関しても、日本は西洋とは違う捉え方してきました。自然界の中では、人間もその他の動物と同じ。だから自分はクマやウサギと同じだという認識を持っていたのです。

しかし残念ながら、現在の日本は「自然が正義」という伝統的な思想が消え去り、欧米流の「力が正義」の思想が蔓延しています。

「昔の日本」が幸せだった理由

かつての日本は「一億総中流社会[*22]」と呼ばれる「みんな同じ生活で良い」という考えが主流でした。

しかし、いつしか「力が正義」という思想の影響を受け、会社は「年功序列」をやめて「能力主義」となり、「仕事ができれば若くても偉い」という考え方が浸透しています。

さて、人が幸福になるというのはどういう状態でしょうか。

まずは、生きていけるだけの衣食住が整っていることで、これは時代によって違います。

昔は6軒ほどの長屋で、玄関がなく、障子をがらりと開ければ、そこにわらじを脱ぐ土間があり、土間を上がると6畳ほどの居間と小さな台所、それに小さい箪笥と卓袱台というところでしょうか。夜になると内職の道具を片づけて布団を敷き、そこで寝るという感じです。

もちろんテレビも洗濯機もないのですが、「普通の生活」がそうであれば、人はそれで十分に幸福です。大きな屋敷での生活もありましたが、それにはそれなりの苦労もあり、「豊かさ」は違いますが「人生の幸福度」はほとんど同じだったのです。

そして日本人は長く、「自分なりの人生を送ることができる」ことに幸福を感じていました。日本には「職業分類」があっただけです。それが日本社会の基本構造になっていました。

つまり、生きる上で最も大切なことは、「資産の大きさ、職種、階級」などではなく、「自分に与えられた範囲で、仕事に邁進し、社会に貢献する」という「他人に支配されない人生」と考えたのです。

日本以外の多くの国は「支配層」をつくり、その層がその他の人々を統治するという骨組みをつくったのですが、日本だけは「支配層のいない社会」を形成します。

支配層がいなければ、

①自分に与えられた範囲で、
②社会に貢献し、
③自分に合っている仕事や生活を選ぶことができる

ということになります。

日本では、米を作る人、味噌を作る人、家を建てる人、子どもを育てる人など、分業を前提として、平和で生産性の高い社会をつくり上げてきたのです。

「ジャパン・アズ・ナンバーワン」を成し遂げた、日本の企業文化

日本企業は世界的には特別な仕組みでした。他国の企業は「株主のもの」でしたが、日本企業は「従業員のため」に活動しました。

以前は、日本の会社には「社員の運動会」がありましたが、欧米では「個人の自由の制限だ」と反対の考えでした。

社員旅行や年功序列、そして「会社のために」などは西洋かぶれの知識人から激しく批判され、今ではほとんどの日本企業が株主の利益のための存在です。

従業員の多くが非正規で、同僚との和気あいあいとした職場、生涯の友人も消えました。

そして、「能力と強く結びついている賃金」になったのです。

「能力がある者が高賃金」というのは一見すると良いように思いますが、日本の文化ではありません。日本以外の国は、「能力のある人が価値がある」と考えましたが、日本は「人間は誰でも同じような価値がある。能力のある人は少しだけ尊敬する」という「人の価値」について決定的な違いがあるからです。

現在の日本人の多くは欧米思想に影響されていますから、「若くても能力がある人は偉い」と考えていますが、ひと昔前までの日本人は「能力がある人を認めるのは良いが、人間の尊さは人柄の良さ、年齢なども重要だ」と考えていました。だから、会社に長く勤めた人を少し高く評価しても良いと思ったのです。

私は科学者ですから欧米の近代物理学に親しみを持っていますが、人間というものについてはけっして「能力があるから立派である」とは考えてはいません。私の経験ではむしろ、「頭が良かったり、能力が高い人は自分勝手」という認識を持っています。

目上の人は尊敬して丁寧に接しますし、収入によらずその人の人格などを重視します。「年功序列」や「一致団結して仕事をする」というかつての日本式の企業文化のほうが、「力が正義」の思想より持続可能な社会を構築できるでしょう。

「力が正義」の原則下での「自由と平等」

近年、「力が正義」の思想が世界を席巻しています。しかし、これこそが多様性や持続可能な社会への障壁となっているのです。

「力が正義」の中で、「自由と平等」という概念で社会を形成するとどうなるでしょうか。一般的には「自由と平等」のある社会が理想とされていますが、「力が正義」の原則下でそのシステムをつくると大きなひずみが生まれてしまいます。

人は意識的にも無意識的にも、その社会システムの中で力が強いと認定される状態を目指すからです。

例えば「学力」。頭が良い人は、学力で社会の上層へ行こうとします。日本の大学の序列では、いちばん上が東京大学です。小中高でも順位がつけられ、それが学力における序列になります。そして、その序列に沿って「自由と平等」が作動します。勉強するのも自由、塾に行くのも自由、どこを受験するのも自由です。しかし、そこには必ず序列ができますから、学力のある人が上に行きます。

いちばん学力の高い東大を出た人が、高級官僚になったり、大学教授になったり、大手企業で出世する……。そして、そのままの序列で社会システムは構成されていくのです。

もちろん、力は学力だけではありません。生まれた家が非常に裕福であると、その子どもは、「金力」という力を得ることができます。幼少期から家庭教師をつけることができますし、社会人になっても親の財力で起業することもできます。これらも「力が正義」なので、悪徳ではありません。

このことを最も象徴している国が、現在のアメリカです。アメリカは「力が正義」という考えが根底にあり、その表層に「自由と平等」という考えがある二重層の国家です。

その二重構造の中で、「自由と平等」が発揮されると格差が広がります。力のある人はどんどん上へ行き、力がない人はどんどん下に落ちていくからです。

そして上の階層に行くと、自分たちに都合の良い社会的ルールをつくり始めます。

例えば、大富豪であれば議員に働きかけて、高所得者の税金を減らすような法律をつくらせることも可能です。または、優秀な税理士を雇って大幅な減税対策をすることもできます。

つまり、「力が正義」の思想で「自由と平等」を実現しようとすると格差が広がり、多様性や持続性のない社会になることをアメリカは示しているのです。

世界全体の所得と資産の不平等

ここから現代社会がどれくらいの格差があるか、どのような不平等さを持っているかを考察していきたいと思います。

本部をパリに置く世界不平等研究所[*23]が、世界的な格差の実態を調査した「世界不平等レポート（World Inequality Report 2022）」を公表しました。この研究所は、欧米諸国の実績のある経済学者や社会学者（『21世紀の資本』の著者として知られるトマ・ピケティ[*24]など）が集合しており、若手も多く参加しています。

このレポートでは、世界の成人人口（51億人）を所得と富（資産）の分布で次のように区別しています。

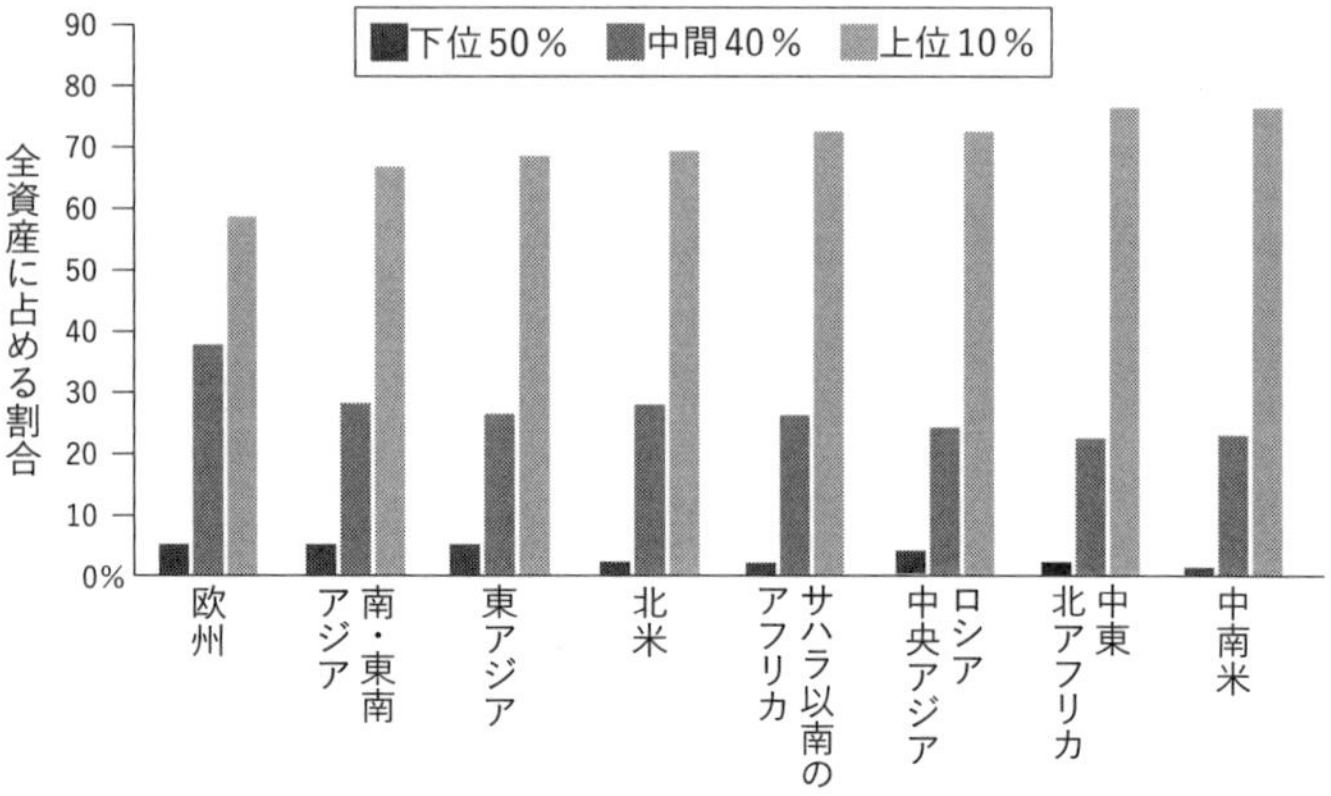

【図8】世界中の資産（富）の不平等〈2021年〉
（出展：「世界不平等レポート（2022）」より作成）

下位（最貧層）＝約50％／約25億人。中間（下位より多く、上位より少ない収入を得ている人々。いわゆる中間層）＝約40％／約20億人、上位（裕福層）＝約10％／約5億1700万人、最上位（超裕福層）＝約1％／約5100万人。

階層別の「所得」分布では、最もボリュームゾーンが多い下位（最貧層）の人々が手にする所得は全体のわずか8％。成人一人あたり年額2800ユーロ（約36万円）にすぎません。

これに対して、上位（裕福層）の所得は全体の52％、さらに最上位（超裕福層）の所得は全所得の19％を占めています。

そして、「資産（富）」の分布では、その

差はさらに顕著となります。下位（最貧層）の人々が所有する資産はわずか2％で、中間層の資産は22％ですから、合わせても（人口の90％で）24％にしかなりません。このように人々の大半は、余裕資産をほとんど持っていないということになります。

そして、その余裕資産を潤沢に持っているのが、上位（裕福層）と最上位（超裕福層）の人々なのです。

これは、世界のどの国でもほとんど同じです（図8参照）。

これが、「力が正義」の思想を基に「自由と平等」を実現しようした結果なのです。

現代より江戸時代のほうが平等だった!?

次に、現代日本と江戸時代中期の格差を比較してみます。

武士の平均年収は、約500万円（約50石＝約50両）と言われています。当時は、身分や年貢などはすべて「米」で管理されており、給与についても米の量で提示されていました。通貨に換算すると、1石（約150kg）は、およそ金1両（約10万円）になります。

下級武士は自分たちで食べる分だけの米を確保し、残りを現金に換えて生活していました。米を現金化したあとの年収をみると約80万円（約8石＝約8両）と言われています。

100石くらいの収入がある武士は、剣術の腕がかなりある人です。さらに200石、300石になると上級武士です。

家老の収入は、その藩全体の大きさによってかなり違います。加賀藩には大名並みの家老が多く存在しており、小藩の殿様と同じように1万石以上を有していたと言われています。

農民の年収は約300万円（約30石＝約30両）と言われていますので、武士と農民との格差は、平均的な武士とは2倍弱、上級武士とは3倍強ということになります。

また、江戸時代の大名は主君であり、現代の社長や会長とは違います。例えば、平均的な武士の家は、大名が用意します。特に、城の周りは軍事的に重要ですので、信頼できる家臣の家を配置したりします。

そもそも江戸時代の暮らしは質素です。

武士や農民、町人の持ち物は、衣服がほとんどで、家具はあまりなく、調度品が少しあるくらい。もちろん大名は、格として高価なものを持っていましたが、驚くほどの差はありません。

資産の差もありません。米は何年も保管できません。せいぜい2年の資産価値です。

そうすると、現代と江戸時代では格差はほとんど変わりがないか、もしくは江戸時代のほうが平等であったとさえ言えます。

江戸時代の日本は世界でも稀有な平等社会

江戸時代の人口比率は、農民＝約90％、武士＝約7％、町人（工人と商人）＝約3％とされています。

大多数の農民の家は、ほぼ同じでした。もちろん貧農と豪農と比べると差はありますが、平均してみるとけっして貧弱な家ではなく、土間もあり、囲炉裏《いろり》の部屋もあり、寝室もあり、納戸もあるところに住んでいたので現代と遜色《そんしょく》ありません。

当時の日本には、木材が豊富にあり、土地もありました。江戸時代の人口は3000万人くらいでしたから、今の4分の1程度。家を建てる場所にもあまり困らず、農民たちは比較的同じような造りの家に暮らしていたのです。

士農工商という身分制度はありましたが、生活水準の差はほとんどありませんでした。例えば、食事です。一般的な武家の食事風景は、主人である武士が中心に座って食事をし、奥方がお櫃《ひつ》の前に座ってお世話をします。卓袱台の上にご飯と味噌汁と魚、香の物が置かれます。これと同じようなかたちで、農民や商人も食事をしていました。

服装は反物《たんもの》を仕立て、サイズが変わったり、汚れたりしたら反物を崩し、それをもう一度縫って仕立て上げるというのが基本でした。そのため、何十着も着物を持っているという人もいませんでした。

着物がボロボロになったら雑巾に使うというような生活でしたので、現金が必要という場面はあまりありませんでした。

武士階級でも、非常に権勢が強く、毎日高級な料理屋に行ったり、女性をはべらせたりしているような特殊な人はいましたが、「武士は食わねど高楊枝」というくらい江戸時代の武士は倫理感が非常に強く、彼らには「民のために働き、質素でなければならない」という意識がありました。

よくヨーロッパのほうが民主的だと言われますが、階級制度は日本のほうがずっと平等でした。現在でも、イギリスでは貴族制度が残っており、貴族たちが広大な領土を保持しています。革命の国フランスでは制度自体はなくなりましたが、肩書きは今でも残っていて「公爵、子爵」と苗字に書くことができます。

また、ヨーロッパではシャンデリアなどで立派な食堂を造るという文化がありますが、日本にはそういう文化がありませんでした。

日本の場合は、大名屋敷も極めて簡素です。これについては、江戸時代の終わりに来日した外国人が驚き、「私たちはなぜ必要以上に華美な暮らしをしているのだろう」と反省したというエピソードも残っています。

第6章

多様性を阻む、
グローバリズムの
危険性

現代社会における格差拡大の原因

前章では、現代社会の不平等が封建主義の時代よりも悪化している可能性をデータなどで指摘いたしました。

それをまとめると、次のようになります。

【現代社会における格差拡大の原因は、「力が正義」の思想】

① 力のある者が指導する地位に就く

②力のある者が得をするシステムをつくる
③力のある者が報道をコントロールする
④封建主義より格差が広がる
⑤格差拡大で多様性や持続性が喪失する
⑥動物より劣ることばかり
⑦人間の脳の構造的欠陥が出る ⬇ 「貧乏根性」

「力が正義」の社会では、力のある者が上へ行きます。力のある者が社会を指導する地位に就くと、彼らは自分たちが得をする政策やシステムをつくるようになります。

さらに、力のある者が報道をコントロールするという現象が起こります。「力が正義」のもとでシステムがつくられていけば、力のある者が社会を支配するため、報道機関もそこから逃れることはできません。

例えば、現在アメリカの「ニューヨーク・タイムズ」や「ワシントン・ポスト」など良識があるとされる新聞の報道が非常に偏っています。国際政治アナリストの伊藤貫[*25]先生は「ニューヨーク・タイムズやワシントン・ポストを支配しているのはウォール街だ」と喝破《かっぱ》しています。

その結果、支配層に都合の悪い情報や利益となる情報も一般層へは伝わりません。情報は「力」の源泉でもありますから、ますます格差が広がります。

格差が広がり、階層が固定化されることで、社会の多様性や持続性は失われていきます。

このような状況は、動食物の一般原則から大きく外れています。前述したように、生物集団の体系で、その生物界の頂点に立つ者が自らの数を増やすことなく持続性を保つために調整するというのは、ロイヤル島のオオカミの例の他にも多く観測されています。そういう面では、人間は他の動物よりかなり劣っています。この理由ははっきりしています。それは、人間の脳の構造的欠陥です。

人間のみ「大脳新皮質」が異常発達しています。この大脳新皮質はいわゆる知性を司っている器官なのですが、これによって「本能」が作動しずらくなっているのです。

他の生物は、約6億年という多細胞生物が生き残ってきた経験から、無意識的に制御がかかります。ライオンやクマなども、あるところまでいくと満足した状態になります。「これ以上、捕食したり、仲間の数を増やすと全体のバランスが崩れる」ということを、本能的に知っているのです。

大脳新皮質の進化によって人間は発展してきたのですが、「いつになっても満足できない」という負の性質も併せ持つようになりました。私はこれを「貧乏根性」と名付けています。「力が正義」の思想が蔓延する世の中で、この「貧乏根性」がさらに大きな問題をつくっているのです。

そして、特に「貧乏根性」の強い国があります。

それは――アメリカです。

アメリカの「貧乏根性」の歴史

アメリカは、けっして満足しない国です。「貧乏根性」という視点でみると、アメリカは歴史上3度その性質を発動させています。

1度目は、その成り立ちです。現在のアメリカは、主にイギリスからメイフラワー号という小さな船に乗って、先住民インディアンが住む大陸の東海岸に渡り着いた人たちがつくった国です。

ちなみに、「インディアン」という呼称は、近年「ネイティブアメリカン」とする運動もありますが、先住民の子孫たちは「インディアンと呼んでもらって結構。我々は輝かしい歴史を持っている。その名を卑下することはない」と言っているので、私はインディアンとしています。

移民者たちは、初期にインディアンに助けてもらいながらも彼らを騙し、最後にはライフルで撃ち殺して、彼らの土地を略奪していきました。

インディアンの土地を奪い、現在のアメリカ東側13州をつくり、イギリスから独立します（「独立戦争」1775〜1783年）。そして独立後、今度は西へ西へと領土を広げていきます。

当時、メキシコの支配下にあったテキサスを取り、そして1850年あたりで現在のサンフランシスコやロサンゼルスのある西海岸に到達しました。

アメリカ大陸は広大で、資源も豊富です。当初は、森林が非常に多かったので材木産業が盛んでした。土地が広いので農業も発達し、鉱物もたくさん採取できました。そして石油が取れるようになり、次第に世界を席巻《せっけん》していきます。

普通の感覚なら、イギリスから逃げてきて、大陸に超大国をつくって成功したのですから、それで満足するはずです。しかし、彼らは満足しませんでした。いくら豊かになってもまだ自分たちには何かが足りないと思っているのです。

次に、彼らは1900年前後から海外へ進出します。これが2度目の「貧乏根性」です。多くのアメリカ人が太平洋上の島々へ移住していきました。1898年にハワイ王国をなし崩し的に併合し、領土を太平洋上まで拡大します。さらに同年、スペイン領キューバの独立戦争に便乗し、スペインとの間で米西戦争[*26]を起こします。

それに続くフィリピンとの米比戦争[*27]（1899〜1902年）に勝利すると、中米からスペイン勢力を駆逐して経済植民地（バナナ共和国）とし、さらにカリブ海のプエルトリコ島やマリアナ諸島南端のグアム島などを植民地化していきます。

しかし、そうした侵略が文明人としてはあまり適切でないこと、また国際的な非難が予想されるということで、アメリカが世界進出していくときは必ず理由をつけるようになります。

例えば、前述した米西戦争でアメリカはカリブ海と太平洋の利権をスペインから奪取したのですが、その発端となった米軍艦「メイン号」が爆沈された事件（メイン号事件[*28]）はアメリカの自作自演と言われています。

少なくとも、アメリカはこの事件を利用し、「スペイン＝悪」という世論をつくり上げ、戦争に突入したのです。

さらにアメリカは西へ西へと進み、日本と激突します。1941年12月8日の真珠湾攻撃から始まる日米戦争は、アメリカの謀略が大きな要因です。アメリカは日本を攻撃する理由がないので、日本からアメリカを攻めさせることにしたのです。

大戦前まで日米間では貿易が盛んに行われ、日本は石油の約8割をアメリカから輸入していました。その状況下で、1941年8月1日にアメリカは日本に対する石油輸出の全面禁止を通告してきました。

その前からアメリカは鉄屑輸出をストップするなど日本に対して経済的な封鎖を強めてきましたが、これは一線を越えています。石油輸出の全面禁止は、宣戦布告に等しい行為です。日本としては、戦争に打って出るしかなくなります。

アメリカは「リメンバー・パールハーバー（真珠湾を忘れるな）」を叫び、「日本＝悪」とし、正義のための戦争を仕組んだのです。

第二次世界大戦後も、アメリカの西への進出は続きます。

1960年代にベトナムを取ろうとした際にも攻撃の口実をつくります。それが「トンキン湾事件[*29]」（1964年8月）です。

これは、北ベトナム沖のトンキン湾で北ベトナム軍の哨戒艇《しょうかいてい》が米海軍の駆逐艦に2発の魚雷を発射したとされる事件でしたが、後年「ニューヨーク・タイムズ」が軍事機密文書を入手し、事件の一部はアメリカ側が仕組んだものだったことを暴露しました。

それからもアメリカは、アフガニスタンに侵入し、中東に侵入します。いずれも必ず口実をつくって、他国を侵略することへの正当性を画策していたのです。

教科書が教えない、アメリカの残虐性

前述の「日米戦争」について、今の学校教育では真実を教えようとしません。先の大戦で「日本はアメリカに負けた」と思っている人が多いのですが、実際に日本が戦ったのは、アメリカとイギリス、オランダ、それに白人側に寝返った中国（いわゆる「白い中国」）でした。

そして、イギリスとオランダには完勝し、中国には圧倒的に優勢で、アメリカにも前半は互角以上に戦っています。対米戦の後半、太平洋の海洋戦で敗れ、劣勢になったものの最終的な勝敗は不明のまま終わったのです。

こう言うとほとんどの方は驚くかと思いますが、「戦争」とは「軍隊と軍隊」が戦うも

のであり、「軍隊が市民を殺す」のは戦争ではなく、虐殺です。

日本とアメリカとの戦争は、実質的に1945年3月のルソン島（フィリピン）と硫黄島の戦いが最後でした。

同年3月10日の東京大空襲から米軍は日本軍とは戦わず、日本の婦女子（非戦闘員）を標的にしました。4月1日に始まった沖縄戦は「戦争」と呼べるものではありません。8月6日に広島に、9日に長崎に投下された原子力爆弾は無差別殺人でした。

戦争にはルールがあります。当時の戦時国際法でも、戦闘員以外の民間人を殺傷したり、捕虜となった敵国の兵士を虐待することは、戦争犯罪として禁止されていました。

「力が正義」の思想で戦争をしていくと、このような残虐性が現われてしまいます。人類は、このことを教訓としていかなければなりません。

武力侵略からグローバリズムへ

そして現在、アメリカが進行している3度目の「貧乏根性」が〝グローバリズム〟です。グローバリズムとは、地球を一つの共同体と見なして、グローバリゼーション（世界の一体化）を進める思想のことです。

いわゆる左翼思想（共産主義）に通じるものですが、資本主義・自由主義でも起こります。多国籍企業が国境を越えて地球規模で経済活動をし、自由貿易を世界中に拡大させる思想でもあるからです。

アメリカのケンタッキーフライドチキンやマクドナルド、スターバックスなどの飲食チェーンをはじめ、「人・物・金《かね》」が国家や地域などの境界を越えて、地球規模に拡大してい

ビル・ゲイツ

1955年生まれ。アメリカの実業家、慈善家。1975年幼馴染のポール・アレンとともにマイクロソフトを設立。2000年にCEO、2014年には取締役会長を退任し、現在は気候変動や世界の健康・開発、教育などに関する慈善活動に専念している。

（写真はWikipediaより）

く現状があります。

近年、薬やワクチンなどの医療関係でもグローバリゼーション化が加速しています。

医療関係で世界的な展開をする際、日本人は真面目なので、薬の効能を高めたり、品質の良いワクチンを作ろうと努力します。

一方、アメリカはＷＨＯ[*30]（世界保健機構）を制圧しようと考えます。現在、ＷＨＯへの資金提供１位は、国家ではアメリカ、個人ではビル・ゲイツ（ＩＴ企業家）です。ＷＨＯを押さえながら、世界展開を進めていく戦略なのです。

現在ではグローバリズムが世界を席巻しているため、日本でもこれに賛同している人が多いのですが、歴史的にみればこれはアメリカの「貧乏根性」から生み出された侵略の一形態です。

「貧乏根性」による、破滅への道

「力が正義」のもとでの「自由と平等」による格差の拡大、そしてアメリカの「貧乏根性」からくる「グローバリズム」によって世界は破滅への道をつき進んでいます。これは政治や経済面だけでなく、文化や道徳面でも悪影響を及ぼしています。

例えば、今の教育界では子どもたちに「取り柄《とえ》」というのを求めます。人は生まれながらにして、もともと取り柄（個性）が備わっているのですが、それ以上の何かが求められるのです。

勉強ができる、ピアノが弾ける、絵が上手い、足が速いなどの取り柄が「力」であると教え、そこに序列が生まれます。子どもたちのピアノのコンクールなどでは、上位者だけが素晴らしいということになっているようです。

オリンピックもそう。これまでは「参加することに意義がある」という精神で、勝ち負けだけではなく、スポーツをすること、挑戦することに価値があるという考え方でした。しかし今では、「メダルが何個取れたか」ばかりが報道されます。

そして、子どもたちの間でも「お金を稼ぐこと」が正義になっています。お金を稼いでいる人を尊敬するという現象が現れてきているのです。

「秩序が上の人は人間としても上、お金がある人は人間としても上」――これは錯覚にすぎません。私が小さい頃は、むしろお金がある人はいかがわしいという社会通念がありました。それが今は180度転換してしまっています。

「たとえ貧乏でも、一生懸命仕事をしている人は素晴らしい」「家庭で子どもを育てているお母さんは尊敬できる」という価値観がなくなりつつあります。これでは、社会のモラルが崩壊してしまいます。

その結果、殺伐とした雰囲気が形成され、封建時代のような身分制度ができ、永久的な競争社会になっていきます。このようなことを続けていくと、多様で持続性のある社会を実現することはほぼ不可能でしょう。

グローバリズムの暴走を止める国

多様で持続性のある社会に反する「グローバリズム」の暴走に歯止めをかける可能性がある国があるとすれば、それは日本です。

日本の特長としては、まず「他国との争いを望まない」ということが挙げられるでしょう。日本は歴史上、対外戦争数がとても少ない国です。飛鳥時代の白村江《はくすきのえ》の戦い[*31]（663年）、鎌倉時代の元寇《げんこう》[*32]（1274年、1281年）、豊臣秀吉の朝鮮戦役[*33]（1592年、1593年）、そして19世紀の終わりに起こった日清戦争[*34]（1894～1895年）、この4つが日本の対外戦争となります。

近代に入ると、日露戦争と第一次世界大戦、日中戦争と第二次世界大戦がありますが、これは欧米列強国の覇権争いに日本が巻き込まれたかたちで起こったものです。

2つめの特長は、日本人の「集団性」です。

私が専門の工学の話をすると、例えばアメリカのある大企業で研究を指導しているのは、博士号を持ったいわばドクターです。そのドクターたちが計画を立案し、新しい製品の製造法なり、具体的な機械の設計なりを決めて、それを現場に通達します。現場はそれを受け取り、それを現実にするために働きます。

私がアメリカに行くと、待っているのは博士号を持ったエンジニアです。仮に私が博士号を持っていない場合は、相手にしてもらえないということが起こります。

アメリカの企業では階級が二極化しています。創造的な仕事は博士号を持った人が担当し、経営陣と打ち合わせをし、新しい製品を生み出します。それを受けて、現場の人が動き出すというシステムになっています。

しかし日本では違います。私が博士号を持つ研究所長であったとしても、常に現場の意見を聞いて立案をし、現場と一緒に改善します。経営陣とも打ち合わせをしますが、それはあくまでも現場の代表として話をしているだけであって、新しいものを創造したりするのは経営者側ではなくて、現場側です。

したがって日本は集団主義であり、改善主義であるということが言えます。

現在（2024年10月）、日本製鉄がUSスチールを買収するという話で大変に話題になっています。かつては日本の鉄鋼会社はUSスチールにも全然及ばない小さな規模でした。鉄鋼というものは大規模生産ですが、集団でやるような中小企業的なところを多く含んでいます。

改善を進めている間に、いつの間にか日本製鉄がアメリカの大会社を抜いたのです。これは、自動車業界のトヨタも同様です。

3つめの特長は、日本人の「宗教観が穏やかである」ということです。

人類は宗教の力によって発展してきたことは間違いありませんが、その一方では宗教観の違いによって世界中で大きな対立を生み出しました。

日本古来の宗教とされる「神道」には教えがありません。宗教とは「主な教え」ということですので、その意味では神道は宗教ではないとも言えます。「教祖」「聖典」「戒律」

が宗教の３要素と言われることもありますが、神道にはそのいずれもありません。日本人の多くは、子どもが生まれたときには神社（神道）を参拝し、葬式は寺（仏教）で行います。クリスマス（キリスト教）を祝ったかと思うと、年末は寺に除夜の鐘を衝きに行き、翌日の新年には神社へ初詣をするという、非常に柔軟な宗教観を持っています。

一神教は非常に厳しい自然環境から生まれた宗教なので厳格さを求められますが、日本のように豊かな自然に包まれた国で信仰されてきた宗教は緩やかなのです。

こうした日本の３つの特長を世界で実践することができれば、「戦争や宗教上の争いもない、まとまりのある社会」をつくることができます。

先の大戦では、日本の力が発揮されました。当時は欧米列強の数カ国が世界中の有色人種の国や地域を支配していました。実質的に独立を保った有色人種の国は日本だけであり、そこへ欧米列強（主に、米英蘭）が襲いかかってきて大戦が勃発しました。

日本は形式的には敗北していますが、アメリカ、イギリス、オランダも大きく傷つきました。戦後、アジアやアフリカ諸国が次々と独立し、欧米列強による植民地支配が終焉《しゅうえん》したのです。

第７章

時に、人間社会は劇的に変化する

物理学による「力」の発見

人類が誕生したとされる旧石器時代から、我々の社会は少しずつ発展してきました。道具を扱い、言語を操り、穀物を育てたりしながら、人類は数万年の時を重ね、他の動物とは違う進化を遂げてきたのです。

ところがあるとき、人類史における大きな転換期がやってきます。それが「産業革命」[*35]（18世紀中頃〜19世紀初頭）です。産業革命によって、生産性が飛躍的に上がり、経済の中心が農業から工業へと変革しました。これは近代の幕開けを告げる大事件でした。

人類は長い間、自身の体（筋肉）を使って、シカを獲ったり、牛を飼ったり、稲や麦を育てたりしてきました。女性は主に家庭を守り、子どもを産んで、育てるという社会が4

～5万年も続きました。しかし突然、そのような人間社会が大きく変貌したのです。

1657年にドイツの科学者オットー・フォン・ゲーリケが行った「マクデブルクの半球」[*36]という実験が発端でした。

これは、「真空」に興味を持ったゲーリケが、銅製の2つの半球を合わせて気密にすると引き離すことが困難になり、空気を半球の内側から注入すると容易に離れることを実験で示したものです。

オットー・フォン・ゲーリケ
1602–1686年。ドイツの物理学者、工芸技師、政治家。1650年、任意の容器から空気を排気することができる真空ポンプを発明した。また、気圧計を用いた人類初の科学的な天気予想や静電発電機を発明した。
（写真はWikipediaより）

当初、ゲーリケは2つの半球が引き合う原因を理解できませんでしたが、イタリアの物理学者エヴァンジェリスタ・トリチェリの実験から「空気に重さがあることが原因」ということを知りました。

アイザック・ニュートン

1642–1727 年。イングランドの自然哲学者、数学者、物理学者、天文学者、神学者。微積分法や万有引力の発見など数々の業績を残した。
（写真は Wikipedia より）

そして、ゲーリケはこの実験をレーゲンスブルクの帝国議事堂前で行いました。空気を抜いた2つの半球を左右各8頭の馬が双方から引っ張って離そうとする実験です。馬が引っ張っても離れず、そのあとに空気を入れだけで簡単に離すことができ、実験は成功しました。

アリストテレス以来の自然学では、現実世界には「真空」はない（「自然は真空を嫌う」）と考えられていましたので、この発見は物理学を大きく前進させました。

1660年あたりから、アイザック・ニュートンやロバート・フックなどのイギリスの科学者が「力」というものについて考えるようになり、少しずついろいろなことが明確になってきます。

それまでは人間自身や家畜の「力」についてはある程度知られていましたが、それ以外

ヘンリー・ベッセマー
1813–1898年。イングランドの発明家、技術者。鋼の精錬法を発明し、実用化。生涯で129を超える特許を取得した。
（写真はWikipediaより）。

ジェームズ・ワット
1736–1819年。スコットランドの発明家、機械技術者。トーマス・ニューコメンのつくった蒸気機関を改良し、全世界の産業革命の進展に寄与した。
（写真はWikipediaより）

に別の「力」があるということに気づいたのです。そして、その「力」というものは細工し、利用できるということが徐々にわかってきます。

1687年に、ニュートンが『自然哲学の数学的諸原理』[*37]を出版します。彼はこの著書で、運動の法則を数学的に論じ、天体の運動や万有引力の法則について解説しています。

それから100年以上かかりましたが、1800年頃からその「力」を実用できるようになります。

例えば、蒸気機関です。1712年に、トーマス・ニューコメンが鉱山の排水用として実用になる最初の蒸気機関を建造します。これは石炭などを与えて蒸気をつくる仕組みでしたが、熱効率は1％にも達しない程度で、あまり実用的ではありませんでした。

それから約60年後、イギリスの発明家ジェームズ・ワットがニューコメン型蒸気機関を改良し、より実用的な蒸気機関をつくり上げます。

そして19世紀になり、のちに「鉄道の父」と呼ばれるイギリスの技術者ジョージ・スティーブンソンが、蒸気機関車を使った公共鉄道の実用化に成功させました。

さらに、ヘンリー・ベッセマーが溶けた銑鉄から鋼を大量生産する世界初の安価な製法を発明します。トーマス・エジソンが白熱電球や蓄音機を発明したり、電話機の実用化に成功します。

19世紀の終わり頃に、ダイムラー・ベンツが世界で初めて「ガソリンを動力とする車両」に関する特許を取得し、アメリカのフォードなどと切磋琢磨しながら自動車の大量生産を開始します。

そして、アメリカの大地から石油を採掘することができるようになり、スタンダード・

オイル[*38]という世界最大の石油会社ができます。

人類が「真空の力」を発見してから二百数十年の間に、技術はどんどん進化し、そして人間は歩かないでも移動できるようになりました。電気も使えるようになり、夜も明るくなりました。

世の中がガラッと変わりました。これが19世紀の出来事です。

「筋肉」を使わなくなった人間社会

物理の進歩がきっかけになり、人間社会は爆発的に発展していきます。「力と物の時代」の到来です。

それが、現在の我々の生活の基礎となっています。家には冷暖房機があり、その他の電化製品や水洗トイレがあり、移動手段は自動車から高速列車、飛行機まである。このような生活ができるのは、急速に理解が進んだ「力」の利用の産物です。

住環境や街並みも劇的に変化しました。石器時代から中世まで（日本では「江戸時代」まで）の風景は、実はあまり変わっていません。それまでは基本的に平屋が多く、階層も2階まで。宮殿や城などもありましたが、現在のような超高層の建物はなく、アスファルトの道路や線路もなかったのです。

ところが150年の間に、とても大きな変化が起こりました。江戸の街並みと現在の東京の街並みを比べてみると一目瞭然でしょう。

人間は長い間、「体（筋肉）」と「頭脳」を使って生活してきました。

「体（筋肉）」を使って、鍬《くわ》を振るったり、獲物をとったり、家を建てたりします。「頭脳」を使って、計算をしたり、文字を書いたり、プランを立てたりします。

この2つが、基本的な人間活動に必要なものです。

ところが産業革命から、我々が「筋肉」を使う機会が激減していきました。

例えば、稲作です。人間の力だけで鍬を振るって田を耕していた時代、農民は1年間の約11カ月を農作業に費やしていました。稲床を作り育て、雑草を取ったり、虫を捕ったり、実ったら刈り取って脱穀したりなど、かなりの手間が掛かります。

ところが現在では、苗植え機があり、肥料や除草剤があり、そして稲刈り機や脱穀機があります。これらを使用すれば、人間の力を使わずに作業することができるので手間が大幅に減りました。

農業で人間の力を使って作業する期間は、実質約1カ月という調査結果も出ています。つまり、「筋肉」を使う期間が10分の1以下になったということです。

これは農業だけでなく、工業でも同じです。昔は女工が手を使って糸を紡いでいました。少しずつ糸を織り、織物にしてそれを裁断して、一着一着服を作っており、とても大変な作業でした。それが、18世紀に力織機、19世紀に自動織機が発明されたことにより、織物が短時間で作れるようになりました。大量生産が可能になり、それが他製品に広まっていきました。

冷暖房についても同じです。昔は山の木を切り、それを一生懸命運んできて、蒸し焼きにして炭を作り、その炭を火鉢に入れて火を起こして暖を取っていました。それが今はスイッチ一つで、あっという間に部屋を暖かくすることができます。

このように産業革命によって人間社会は大変革を遂げましたが、実はこの「力と物の時代」は20世紀で終わったのです。

正確には、1990年前後と言ってもいいかもしれません。日本ではバブルが弾け、世界的にはソビエト連邦の崩壊、ベルリンの壁の崩壊、中国での天安門事件など、一つの時代の終わりを告げる出来事が頻発した時期です。

「満足度」から見えてくる時代の転換点

「力と物の時代」が終わりを迎えたという仮説を、これから証明していきます。

注目したいのは「満足度」です。我々の幸福というのは、この満足度がとても大きく関わってくるものです。

内閣府による「現在の生活の満足度」(国民生活に関する世論調査[*39])に関する調査から検証していきます。高度成長が終わり、1990年代初頭にバブルが崩壊してから2020年までの約30年間はほとんど経済成長はありませんでした。この時期の日本人の「満足度」を見てみると、非常に面白い傾向が見られます。

まず、満足度がマイナスの項目から見ていきましょう。

「資産・貯蓄」の項目を見ると、満足度が低く、マイナス20％くらいで推移しています。

これは、GDP（国内総生産）が上がらないため、新しい住宅を買う、新しい車を買うということが自由にできず、将来の病気や高齢化に向けての貯蓄も上手くできないという状況です。したがって日本人全体がマイナス20％の満足度で推移したのは非常に妥当なところです。

「所得・収入」の項目も、満足度は0からマイナス数％です。これもGDP（国内総生産）が増えていないため当然でしょう。


次に、満足度がプラスの項目を見てみましょう。

「自己啓発・能力向上」の項目では、プラス20％くらいで推移しています。つまり、自らの力をつけていきたいという点では、あまり不満はなかったということです。

「食生活」は満足度がかなり高い項目です。

食生活に関しては2008年からデータがありますが、満足度はプラス60～80％くらいで推移しています。これは食事の供給が増加したことと関係していますが、食料品自体が

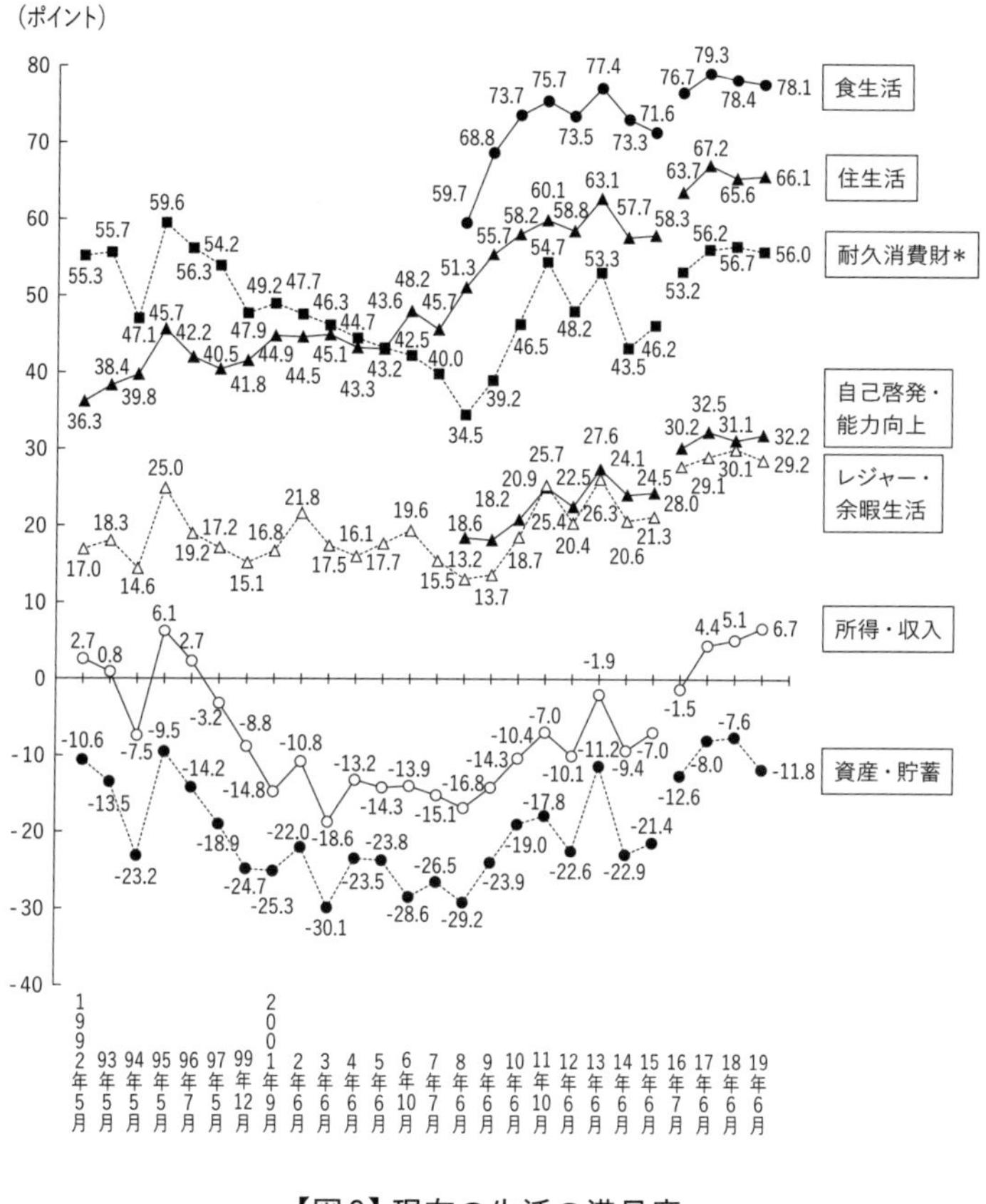

【図9】現在の生活の満足度

〈国民生活に関する世論調査(2019年)／内閣府より作成〉

(注1) グラフの値は、現在の生活の各面での「満足度」(小計)から「不満度」(小計)の割合を差し引いた値。

(注2) 平成27年6月調査までは、20歳以上の者を対象として実施。平成26年7月調査から18歳以上の者を対象として実施。

＊ 耐久消費財 → 自動車、電気製品、家具などの耐久消費財

美味しくなり、キッチン家電も進化したこと、そして、外食産業やスーパーマーケット、コンビニエンスストアなどが発展し、しかもデフレでそれらの値段があまり上がらなかったこともあって、高い満足度になっています。

「住生活」も満足度が高い項目です。プラス40～65％くらいで推移しています。

これはやはり冷暖房機や家電などが安価で高性能になり、また住環境も良くなってきたからです。そして、「耐久消費財」もプラス40～60％くらいで推移していますので、満足度が高い項目と言えるでしょう。

「レジャー・余暇生活」の項目は、プラス20％くらいですので高い満足度とは言えませんが、まずまずの数値です。遊ぶという点でも、あまり不満がないようです。

この30年間、貯蓄もできず、収入も良くない状況にもかかわらず、食生活や住生活、耐久消費財に関しては多くの日本人が満足しており、自己能力の向上やレジャーなどにも大きな不満を持っていないのです。

「出世をし、いい車に乗り、ブランド品を身に着ける」という価値観は、明らかに時代遅れとなりました。

「鉄鋼の時代」から「ITの時代」へ

私の専門でもある「素材」からも、時代の転換を見ることができます。

自動車や電気製品などの耐久消費財や建築材料となる「粗鋼」と、半導体の材料となる「シリコン単結晶」の生産量を比較してみましょう。

高度成長期前夜1950年の粗鋼の生産量は500万tしかなかったのですが、朝鮮特需やベビーブームという追い風もあり、その生産量はどんどん高まり、1972年には1兆2000億tまでいきました。

そこでピークを迎え、その後はほぼ横ばいとなっています。

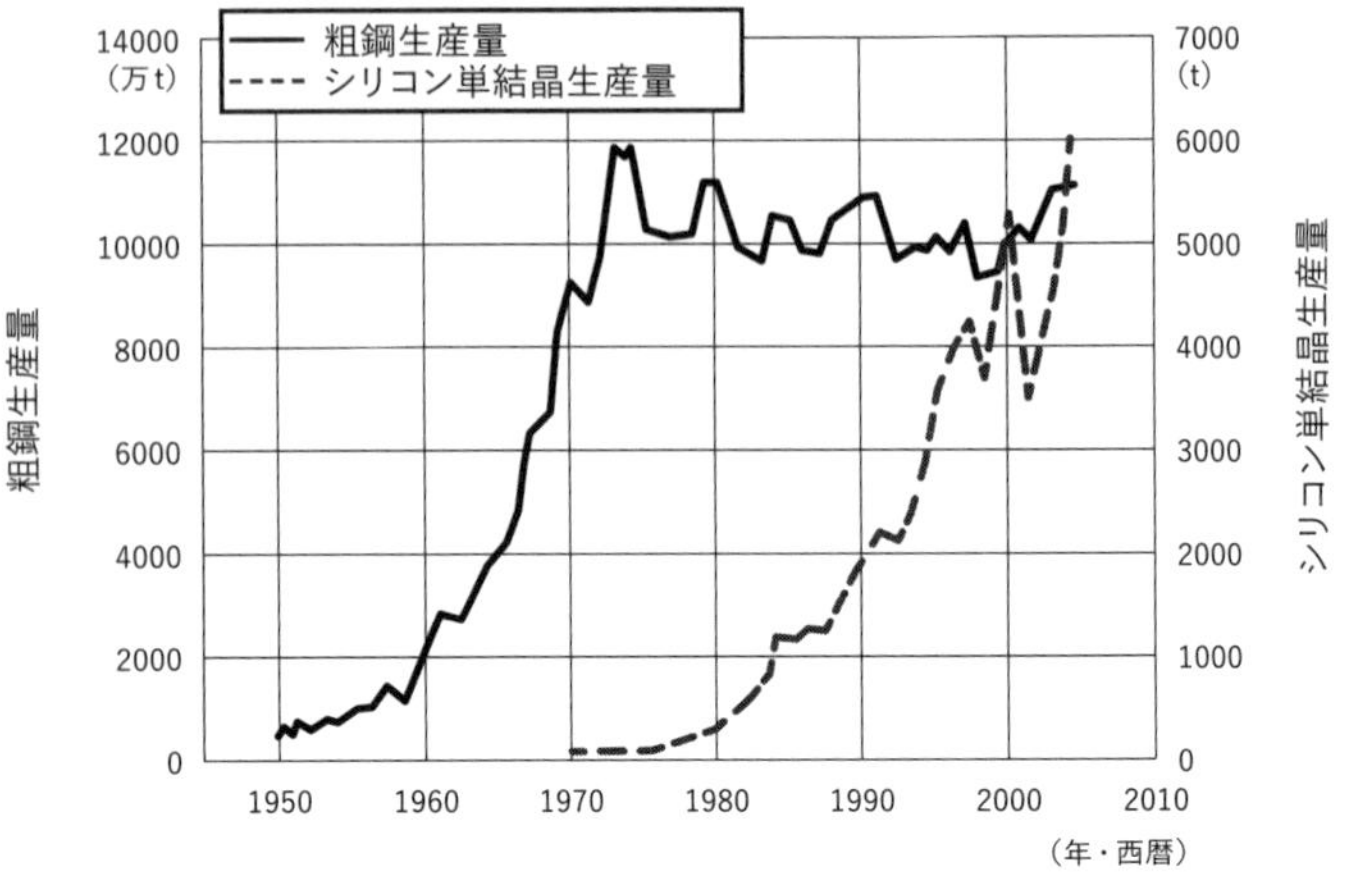

【図10】粗鋼・シリコン単結晶生産量の推移

これに対して、１９７０年代後半から「シリコン単結晶」の生産量が飛躍的に上がり始めます。

ＰＣや携帯電話、スマホなどの普及がその主要因であり、21世紀に入っても伸び続けています（図９参照）。

一般的に、１９９０年初頭から「ＩＴ（情報技術）の時代」が始まったと言われますが、材料の世界では、１９７０年代がその転換期だったわけです。

価値観が変化した実例①「庶民向け別荘」

「力と物の時代」に多くの人の心を躍らせたものの、現在ではなくなってしまったものがいくつかあります。

例えば、庶民向け別荘です。1970年の後半から1990年代まで、庶民向けの別荘が盛んに売り出されました。当時は物価が上昇していましたから、庶民層も金融資産を上手く活用したいと考えていたのです。

庶民向けの別荘は東京や大阪、名古屋などの都市部から車で2時間くらいの場所が中心で、価格は500万円くらいでした。

平日は都会の小さな家で生活をしながらも、土曜日になったら車に必要なものを乗せ、途中のスーパーなどで買い物をして、別荘に到着。鍵を開けたら、窓を開き、買った食材を冷蔵庫に詰め、お茶を飲む。そして鳥の声を聞きながら、家族と一緒に食事をする。素晴らしい週末を過ごすことができる……。

このような話を職場で聞くなどして、羨ましいと思った人たちが次々と別荘を購入していきました。

しかし、購入直後は頻繁に利用していた一家も、2年もすると行かなくなってしまいます。

父親は買った手前もあり家族を誘いますが、母親は2時間ドライブしてから家を掃除し、料理も作るなんて面倒だと思い始めます。そして子どもたちも、最初は楽しんでいても友達もおらず、遊び場も限られているのでだんだん足を運ばなくなっていくのです。

このような別荘は、現在ほとんど朽ち果てています。道路脇の木々は荒れ放題でやっと通れる程度。安普請《やすぶしん》の建売なので、ところどころにガタがきていて鍵を開けるのもひと苦労。部屋の中は湿気がこもり、布団はまったく使えないという状態です。

しかも土台がほとんど腐っているので、補修することもできません。質の悪い建材（壁がベニヤなど）を使用していたり、基礎工事をほとんどやっていないような建売の場合、40年も経過したら人が住めるような状態ではなくなってしまうのです。

それでも固定資産税は払わなければならず、水道代や電気代もかかるということで、かつて夢だった庶民向け別荘は0円でも買い手がつかないというような状態になりました。

これは産業革命以来、人々が「力と物」を追い求めていった最後の錯覚です。前述した「鉄鋼」の生産量の増加が1972年からピタッと止まったことにも似ています。

価値観が変化した実例②
「スキー」「リゾートマンション」

1980～1990年代、スキーが若者たちの冬のレジャーの定番でした。大学生や若手の社会人たちがこぞってスキーを楽しんでいた時代です。スキー用品がとてもよく売れ、男女ともにおしゃれなスキーウェアを購入し、マイカーに乗ってスキー場に行きました。

首都圏のスキーヤーには、越後湯沢や苗場のスキー場などが非常に人気でした。

若者だけでなく全世代でのスキーブームでしたから、越後湯沢や苗場などには多くのリゾートマンションが建ちました。8階から10階建てくらいのリゾートマンションで1DKの安価なものから3LDKの高価なものまであり、売値は2000万円から1億円程度でした。

冬になると、多くのスキーヤーが週末のたびにスキー場を訪れたり、有休をとって長期間滞在してスキーを楽しむという時代がありました。そしてそれは永久に続くと思っていたのです。

マイカーに乗ってスキー場へ行ったり、リゾートマンションを購入するというのは「カと物の時代」には非常に大きな価値でした。しかし、時代は移り変わります。

現在では、そうしたリゾートマンションは先の庶民向け別荘と同じように、売値は平均300万円くらいまで落ち込み、なかには1DKくらいのものは100万円という低値で売られている物件もあります。

かつて関西の資産家を中心に南紀白浜（和歌山県）で余暇を過ごすということが流行《はや》り、リゾートマンションが人気となりました。つい最近、その地を訪れたのですが、良い立地にある10階建てのリゾートマンション（ワンフロアに30室くらいの規模）の利用者は10分の1程度で、半分廃墟のようでした。

また、関西にある大手企業が高度成長期に「これからは勤務時間が短縮し、休暇も増え、ヨーロッパのようにバケーションを楽しむようになるだろう」ということで、山林の大きな敷地を購入し、従業員のための保養所を造りました。

ところが今ではほとんど利用されず、会議をやったり、関連会社の研修をやって、なんとか繋いでいる状態です。広大なテニスコートには閑古鳥が鳴き、家族連れの従業員の姿もありません。

価値観が変化した実例③
「自動車」「冠婚葬祭」

「力と物の時代」には、多くの人が「物に価値があり、物をどんどん増やしていかなければならない」と思っていました。ところがある時期を過ぎると、あまり物に価値を見出さないようになります。

例えば、数十年前まで若者は自動車を欲しがり「彼女を横に乗せてデートする」ことがステータスでしたが、現在は自動車は移動手段の一つとして「カーシェアで十分」という人が増えてきています。少子化が進んでいくと、さらに変化していくことが考えられます。

そうすると、社会習慣も変わっていきます。

現在の「結婚」は、仲人を必要とする形式はほとんどなくなっています。「家」と「家」という感覚も薄れ、友人の集まりのような結婚パーティで良いという傾向です。

「葬儀」も同様です。昔は、家族が亡くなったら各方面に連絡し、葬式の準備をして、親戚一同から会社の関係者まで集まり、通夜と告別式をするということが当たり前でした。この習慣は何百年も続いていて、なくなるはずがないと思っていました。

ですが最近はコロナ禍の影響もあり、家族葬のような小規模な式で済ませたり、通夜や告別式を省略する直葬《ちょくそう》など、葬儀自体を行わないケースも増えてきています。

そして、私たちをとりまく、普段の生活環境も大きく変わってきています。

学校や職場で友人もほとんどつくらず、むしろ利害関係のない気楽な友人と少人数で食事したり、遊びに行ったりする。ＳＮＳやゲームなどを通じてのバーチャルな交流で、生活の満足感を得ている人が増えています。

このように非常に多くの変化がすでに現れているのに、今でも「力が正義」で、「力と物の時代」だと錯覚している人が多いのです。

「力と物の時代」からの脱却

世界は今、「力と物の時代」からの脱却が最終段階を迎えています。

その一つが、ニューヨークのオフィスビルの暴落です。

ニューヨーク・マンハッタンのミッドタウン地区にあるオフィスビルが、ネット競売サイトで850万ドル（約12億7000万円）という安値で落札されました。「ニューヨーク・タイムズ」によると、これは売り手が2006年に同物件を取得した金額に対して3％弱ということです。この「97％引き」は、米商業用不動産の苦境を象徴しています。

セキュリティや設備の面が整った新築オフィスビルは、高い入居率を維持できているものの、古いビルはテナントの流出が続いています。

アメリカからこういった状況が始まっているのは、国土の広さが関係しています。ワシントンからサンフランシスコまで飛行機で5〜6時間かかります。移動時間に関する感覚が他国とはまったく違うのです。

今後もニューヨークのオフィスビルの空室は増えていき、この現象は東京のオフィスビルにも派及してくると予想されます。

これは当然の動きと言えます。なぜなら、これからは「頭脳追放の時代」、つまり人間のアタマを少しずつＡＩ（人工知能）に変えようという動きが始まっているからです。

予兆的な動きとして、前述した「人々の満足度（価値観）の変化」「鉄鋼からシリコンへの転換」がありました。そして現在、「頭脳追放の時代」の先駆的な変化である「移動の縮小」が世界規模で起きています。「ニューヨークのオフィスビルの暴落」もその一端です。

コロナ禍で一気に広がった在宅勤務が定着してきており、それがオフィス需要の減少につながっています。ハードもソフトも整ってきて、多くの職種でリモートワークが可能になりました。ＷＥＢ会議も一気に普及しています。

かつては満員電車に押し込まれて通勤し、職場内でしか頭脳を発揮して仕事をすることができなかったわけですが、現在では自宅でもカフェでも場所を選ばずに仕事ができるようになったのです。

また最近は、オフィスの中でも隣に座っている人に声をかけずに、ＬＩＮＥなどのアプリでやりとりをするということが普通になりました。

人間の頭脳から発せられる情報は、空間をできるだけ素早く移動すればいいのです。現在我々が使っているスマホは、第４世代の速度領域（４Ｇ）から５Ｇ[*40]の段階に入っています。５Ｇは全世界約80億人が一斉に情報発信できる領域です。

十数年前までは、携帯電話を持っていても田舎などに行くと電波が入らないということが度々ありました。私も出張で地方に行くと携帯電話が通じなくなるので、連絡事項などは事前に済ませておきました。そんな時代が、つい最近まであったのです。

今は日本中どこに行ってもほぼ通信可能で、通信速度も十分速くなりました。そして、いよいよ６Ｇ[*41]の時代がきます。６Ｇの時代になると、人間の移動がほとんど必要なくなるはずです。

第8章

「力が正義」の社会が覆る近未来

AI時代になくなる職業は？

産業革命を皮切りに始まった「筋肉追放の時代」の200年あまりが終わりを遂げ、これからはAI革命による「頭脳追放の時代」が始まります。この人類史における2回目の大改革により、「力が正義」の世界が覆り、〝まやかし〟ではない本当の意味での多様で持続可能な社会が実現可能となるでしょう。

まず、テクノロジーの進歩が我々の職業や生活様式に、どのような影響を与えるか考察していきます。

AIが進化した近未来では、必要とされない職業が多数でてきます。

例えば、高学歴の人が就く職業で言えば「裁判官」です。

裁判官は『六法全書』と「判例」という情報が頭の中に入っている人です。その情報に則って判決を下すのですから、AIが代行できます。人の情に関わること（情状酌量）は人間でしか判断できないと思われるかもしれませんが、これもおそらくはAIでやれるようになります。

そのため裁判所もなくなり、情報をAIに提出すれば短期間で判決が下されるようになるでしょう。

次に、「医師」です。

すでに、ロボットによる手術のほうが人間よりも正確だと言われています。ただし、人間の体は刻々変わっていくので、瞬時の情報処理で精密にメスを動かすことはかなり高度なため実用化はまだ先です。しかし、いずれこれもAIの進化で可能となるでしょう。

注射を打ったり、血圧を測ったりするような比較的単純な技術は間違いなく実用化できます。医療知識も情報ですから、検査や診察はAIの得意分野です。

ちなみに、看護師は長く必要とされると思います。なぜなら、看護師の仕事は頭脳（情報）だけではないからです。

そして、よく例に挙げられる「運転手」もそうです。近い将来、自動車は自動運転が主流になりますから運転手は必要ありません。

現在のタクシー代は、当然、運転手の人件費や管理費なども含まれていますが、自動運転になればそれらが不要になりますので料金は下がります。

私の見立てでは、現在の電車賃と同額になるので、初乗りで150～200円くらいになるのではないでしょうか。

「語学」を勉強する必要はない!?

ＡＩの進化によって、語学を勉強する必要はほとんどなくなります。言語学の専門的な授業以外、語学に関する学校教育もなくなっていくでしょう。

英語、仏語、独語、スペイン語、ポルトガル語、ロシア語、アラビア語、ヒンズー語、中国語、韓国語……あらゆる言語に対する翻訳機能がスマホなどに入っているので、わざわざそれらを習得しなくてもいいのです。

インターネット上の海外ニュースも自動翻訳してくれますから、新聞やテレビの報道などに目を通さないでも国際情勢がわかるようになります。

そして、世界中どこへでも気軽に行けるようになります。同時通訳のような機能で、スマホなどを通じて現地の人と会話ができます。

買い物をするときやレストランで注文をするときもスマホで十分。そして迷子になる不安もなくなりますから、海外旅行がより楽しくなります。

現在のＣｈａｔＧＰＴ[*42]の翻訳文章は今までの機械翻訳とはクオリティが違い、まるで人間が翻訳したような文章になっています。

ＡＩ革命によって、いちばん早く生活が変わるのは、この語学分野かもしれません。

病気がなくなる未来予想図

近い将来、「病気」というものがなくなる可能性があります。

赤ちゃんのときから血液やウイルスの量など体の状態を常時観測して、生涯にわたってその情報をＡＩが管理します。そうなると、病気が激減するはずです。

例えば、「血圧が高く、血管が詰まる危険があるので、次のような対応をしてください」などのアドバイスが随時送られてきます。

20年前に私がこのようなことを話したところ、「血圧は外部から測定できるかもしれないが、血中の糖分などは血液を採取しないとわからない」と言われました。

私は科学的な可能性を示して反論しましたが、当時は誰も信じてくれませんでした。

自宅で行う糖尿病の検査は、指先に小さい針を刺して血で測定するのが主流です。ですが、最近は採血なしに血糖値がわかるウエアラブル端末[*43]（装着、もしくは着用できるPC）の開発競争が激しくなってきています。

アップルウォッチ[*44]には心電図測定機能がすでに搭載されていますが、空気中の微小な粒子を電磁波で測定する技術で、血糖値測定にも応用可能です。神経の伝達系も電磁波が出るため、測定できるようになるでしょう。

「最近、働きすぎかな」と思ったときなどは、自身のデータを見ればそのときの健康状態がわかります。出張や旅行の予定がある場合でも、1週間後の体調が予測できるので非常に便利です。

大きな病気の場合は必ず前兆があるので、要注意警報が送られてきます。そうすると、救急車で緊急搬送されることもなくなります。

身分証明書も確定申告もいらない世界

近未来では、一人ひとり自らが「個人情報」となっているでしょう。その世界では、現金もカードも、電子マネーさえも持ち歩く必要がありません。家や車の鍵もいりません。それらはすべて、その人自身に付随しているからです。

本人確認が劇的に進化します。顔認証や指紋認証、体格認証、そしてその人から出る臭いや分泌物も測定して、瞬時に確実に各個人を同定します。

このような技術は、現在でも部分的に実用化されています。例えば、自宅の鍵やPC、スマホへのアクセスは顔認証や指紋認証になっています。

自動車の免許証や健康保険証などの身分証明書もなくなります。そして、その情報はすべて紐づいているので、わずらわしい事務作業から解放されます。

各支払いは自動的に自身の口座から引き落とされ、それが納税証明書にもなるので確定申告は不要です。税金も大幅に安くなり、いろいろなことが非常にクリアになります。

個人情報の流出などを心配されると思いますが大丈夫。ブロックチェーン（暗号技術を駆使した電子的な台帳）以上のシステムが構築され、他人がアクセスすることはできません。


もちろんそうなるまでには様々なトラブルが発生しますが、現段階で将来を否定的に見ないことが重要です。財布やスマホを忘れたり、鍵をなくしても慌てることはなく、いつでもどこでも買い物をしたり外食ができる――これほど気楽な生活はありません。

ＡＩの進化で持続可能な社会に

エネルギーの問題もＡＩ革命で解決されるでしょう。なぜなら、人や荷物の移動が激減し、モノ自体もあまり必要なくなるからです。

わかりやすいのは、紙の「新聞」です。記者が取材をして記事を書き、デザインなどをして、紙に印刷する。それをトラックで販売所に運び、配達員がオートバイで各家庭へ届ける。

そして、読み終わった新聞の回収および処分する際にも、膨大なエネルギーが消費されます。

しかし、スマホの登場で新聞の存在意義がなくなりつつあり、これに費やしていたエネルギーがいらなくなるのです。

ちなみに紙で言えば、ウォシュレットが世界中に普及すればトイレットペーパーの使用量がかなり削減されます。


効率化によっても、エネルギー消費を抑えることができます。

例えば、GPS[*45]（衛星による全地球測位システム）です。

GPSにより、自動車で走行中でも正確な現在地がわかり、交通状態を加味した最適なルートが示されます。道に迷ったり、無駄な迂回をしたりしないで済むので移動距離が減ります。その分のガソリンの消費量が削減されます。


科学技術の発展により、今後はさらにエネルギーの使用量が少なくなるので、太陽光発電を推進する必要はありません。省エネに投資するのは無駄です。

AIやITに投資して、その技術を実用化したほうがはるかに有意義です。

「量子力学」の実用化で社会は劇的に変わる

ＡＩ革命とともに「量子力学」が実装されれば、社会が劇的に変化します。

人類が「物理学」に目覚め始めたのは、16世紀以降です。

当時は、誰もが地球は宇宙の中心にあって動かず、太陽をふくめて天体はすべて地球の周りを回っているという天動説を信じていましたが、ポーランドの天文学者ニコラウス・コペルニクスが地動説を主張します。

彼は天体観測を重ねることによって、太陽は万物の中心となって動かず、地球はそれ自身一つの天体であって太陽の周りを年に一度の周期で回転しており、しかも一日に一回、自転を行っているとしたのです。

そして、ガリレオ・ガリレイがコペルニクスの地動説を観測によって実証し、科学革命を代表する人物となります。さらに、イギリスの自然哲学者アイザック・ニュートンが物質に働く力としての「万有引力の法則」を提唱し、現在「ニュートン力学」とも称される古典力学や微積分法を創始します。

19世紀後半にアルベルト・アインシュタインが出現し、物理学は飛躍的に発展しました。アインシュタインは、それまでの物理学の認識を根本から変え、「20世紀最高の物理学者」とも評されます。一般的には「特殊相対性理論」と「一般相対性理論」が知られていますが、彼は「光量子仮説」に基づく光電効果の理論的解明により、ノーベル物理学賞（1921年）を受賞しています。

このような発展を遂げた物理学は、量子力学に行きつきました。量子力学は、一般相対性理論とともに現代物理学の根幹をなす理論で、主として分子や原子、それを構成する電子などを対象とし、その微視的な物理現象を解き明かす力学です。

量子力学の技術が応用され始めるのは、もう少し先になるかと思いますが、次に挙げるような社会革新が期待できます。

近未来の技術①「時間」をコントロールする

近い将来、「時間を（1～2分くらい）戻す」ことが可能になるかもしれません。時間の進み方というのは、観測場所によって変わります。例えば、人工衛星に乗っている人の時間と地上にいる人の時間は違います。そのため人工衛星では、時計の時間を頻繁に変えています。そうしないと、地上の時間と同じにならないからです。

「時間が相対的である」つまり「観測場所によって変わる」ということは、すでにアインシュタインの時代でわかっていることです。

実際に、1～2分くらい時間が戻れたとしたらどうでしょう。例えば、エレベーターが故障する、もしくは新幹線が脱線しそうになるというときに、時間を少しだけ戻せばそこでエレベーターや新幹線を止めることができます。

どんなに検査をしても故障をゼロにすることはほぼ不可能ですが、時間を戻すことができれば、故障をある程度まで許容することができます。エレベーターや新幹線、飛行機などがより安全になります。

近未来の技術②「物質」を転送する

次に「物質の転送」です。

現在でも電波やデジタル情報は転送できますが、「物質」も転送できる可能性があります。物質の元になる量子を転送して、転送先で量子を組み立てて転送前の物質に戻すのです。最初は軽くて小さな物からになると思いますが、それが実用化されればもう物を運ばなくてもよくなります。

また、光より早い物質移動というのは、すでに量子力学で検証されています。例えば、目に見えない亜原子粒子ニュートリノは、光より速く移動できるという実験結果が発表されています。

量子力学はこれからの100年間にどんどん進化していき、私たちの社会に大きな恩恵を与えてくれることでしょう。

本当の「多様性」の実現へ

産業革命による大変革期以降、多くの人は「自分たちがどこへ向かっているのか」を理解できませんでした。それを鋭く見抜いたのは、実はデザイナーのココ・シャネルです。

シャネルは「筋肉追放」という現象が「男性の追放」であるとし、「女性の時代が来る」と考えたのです。

「今まで、女性は主に家事をしたり、子どもを産み育てていたが、これからは女性が社会に出て活躍することになる」

長い人類史で男性たちが行ってきた「筋肉」による仕事が、蒸気機関の発明や自動車の大量生産などにより価値がなくなるということを、デザイナーの感性で確信します。だか

ココ・シャネル

1883 年、フランスのオーベルニュー地方で生まれる。本名は、ガブリエル・ボヌール・シャネル。20 世紀を代表する女性デザイナーとして、女性が自立し、美しく魅力的であるために、信念を貫き続けた。

(写真は Wikipedia より)

ら、彼女は女性用の帽子とパンタロンをデザインしたのです。

このように未来を予測するためには、理論や解析力で判断できるものではなく、シャネルのような一流デザイナーや芸術家の閃きが必要なのかもしれません。

シャネルの予想した通り、今では女性が外で仕事をすることが当たり前の世の中になりました。女性たちは仕事と家事を両立させながら、男性以上にファッションを楽しんでいます。

そして、これから始まる「頭脳追放の時代」には、これまで社会進出をしづらかった人たちがそれぞれの個性を発揮できるようになるでしょう。

ＡＩ革命が、多様な社会をつくるのです。

「無知」が引き起こす2つの間違い

時代の変わり目には、必ず「未来は暗い」と言う評論家や学者が現れます。しかし、彼らの悲観論に耳を傾けてはいけません。

第一に、特に文系の評論家や学者は科学的な知識が乏しいので間違いを犯します。彼らには「新しいことは誕生しない」という負の考えがあるようです。

例えば、グーグルやアマゾン、フェイスブック、人物認識、ＧＰＳ（位置情報）、４Ｋ[*46]（映像技術）、スマホのカメラ、カード決済など、現在では当たり前の技術革新を思いつかない人たちです。

彼らは、１９８０年代にこう主張していました。

「高度成長期を経て、どの家にもテレビや冷蔵庫、洗濯機が揃っていて、内風呂、水洗トイレ、瞬間湯沸かし器もある。まだ自家用車やクーラーなどは普及の途中だけれど、成長率はそれほど高くない。また、洋服は箪笥に溢れているし、台所も充実している。これ以上、買いたいものはない。それに対して、ゴミは溢れている。だから、これからは〝節約と環境〟の時代だ」と。

つまり、後ろ向きの人たちは「知識」がないのです。その当時、インターネットや衛星通信といった技術について本当の知識人は理解していましたが、一般的にはまだ知られていませんでした。

今の5Gや個人認識、ビッグデータ処理なども一緒です。次の時代がやって来ているのに、彼らは不勉強でそれに対する理解度が低いだけなのです。

もう一つの間違いは、「人は日々、改善しようとする意欲がある」ということを忘れていることです。人はなぜか効率化を図ります。

例えば、洗剤を使って皿洗いをしていた主婦が、少量でも洗うことができる方法を知ると、次の日からは必ず少量の洗剤で洗います。

わざわざ昔の方法（洗剤を多く使う）に戻らないのは不思議な現象ですが、これは人間の性質だからでしょう。

基本的に人類は、改善の方向へ舵を切るのです。

人類には明るい未来が待っている

近頃、将来に不安を感じ、心が落ち着かないという人が多いようです。そして現在、マスコミが不安増幅装置になっています。

例えば、「これから地球環境が悪化する」という報道に何度も接すると、視聴者や読者は「環境が悪くなる」と錯覚していくのです。

しかし実際に、空を見上げたら綺麗な青空が広がっており、海に行ってみたら穏やかな風景があり、水を飲めば美味しい……どこにも環境問題は見当たりません。

「AIが発達すると、仕事がなくなってしまう」と心配している人も多いでしょう。

先日、タクシーに乗ったときに「武田先生、我々の仕事はもう私の代限りですか？」と聞かれました。

確かに、本章の冒頭で示したように将来なくなってしまう職業がたくさんあります。ですが、心配はいりません。なぜなら、新しい職業が増えるからです。それは、歴史的に証明されています。

産業革命の時代、機械の導入によって失業の脅威にさらされた労働者が「ラッダイト運動[*47]（機械うちこわし運動）」を起こしました。この運動は、1811年から1817年頃、イギリス中・北部の織物工業地帯に起こった機械破壊運動です。

「筋肉」を使わなくなるということは人間はいらなくなってしまうのではないかと、まずその敵である機械を壊すという行動に出たのです。

ところが、それから時が経つにつれ人々は落ち着いてきました。それは、新しい仕事が生み出されたからです。

例えば、「サラリーマン」です。「筋肉」を追放したことによって、新たな職業が生み出されました。しかも今では、人手不足になっているくらい職業や職種などが細分化され、増え続けています。

科学の進歩というのは、必ず職業を増やすのです。それは人間社会自身がいろいろなことができるようになるからです。

ＡＩ革命で語学に関する障壁がかなり低くなりますから、誰もが気軽に海外へ行けるようになります。そうなれば、旅行業がかなり盛況になります。書籍関連も良い影響を受けます。現在は翻訳するためにはかなりの労力を要しますが、ＡＩを利用すれば海外の小説や論文なども簡易に出版できるようになります。

そもそもＡＩは、人間そのものを追放したりはしません。なぜなら、それは人間社会から生み出されたものだからです。

また、自分はＡＩの進化についていけないのではないかと思うかもしれませんが、それは今は科学の進歩が未熟だからというだけです。科学の進歩が十分にあれば、高齢者でも、子どもでも誰でもＡＩを悠々と使いこなせるようになります。

だから過度に心配せず、「ＡＩ革命よ、早く来い」と楽しみにしていてください。

「頭脳追放」を行うことによって、人間自体いらなくなるのではないかという考えは捨てましょう。人間はそれほど簡単なものではなく、奥深いものです。

多様で、持続可能な社会がこれからやって来ます。「人類が本当の価値を発揮する時代が来る」と、私は非常に明るく考えています。

注釈②

＊21 **ポリス（都市国家）** 紀元前8世紀のギリシアで生まれた「都市国家」を指す言葉。小規模な国家のような形態をしており、その中にはアゴラと呼ばれる公共広場や、アクロポリスと呼ばれる神殿などが建てられている丘があった。また、ポリスの中には市民という概念があり、奴隷も存在した。

＊22 **一億総中流時代** 1970年代、日本国民の大多数が自分を中流階級だと考えていた意識から生まれた言葉。内閣府が行っていた「国民生活に関する世論調査」で自身の生活の程度を中の情から中の下だと回答した人数が7割を超えていたことが根拠とされている。

＊23 **世界不平等研究所** 世界全体や各国での長期間にわたる経済的不平等の動向を研究する民間機関。70カ国以上から100人を超える研究者が参加する「世界不平等データベース」をつくり、広範な情報を公開している。

＊24 **トマ・ピケティ** 1971年生まれ。フランスの経済学者歴史比較から考えた経済的不平等の専門家。2013年、格差と再分配の問題を考察した著書『21世紀の資本』を出版し有名となった。

＊25 **伊藤貫**　1953年生まれ。日本の評論家、国際政治アナリスト、米国金融アナリスト、政治思想家。日本の中国侵攻や対米従属、アメリカの対露政策や中東政策を戦略的視点から批判している。

＊26 **米西戦争**　1898年4月にアメリカ合衆国とスペイン帝国の間で発生した戦争。アメリカの捏造記事により高まっていた好戦ムードのなか発生したメイン号事件に関する根拠のない記事がきっかけとなって勃発した。

＊27 **米比戦争**　1899年2月から1902年7月にかけて、アメリカ合衆国とフィリピンの間で発生した戦争。

＊28 **メイン号事件**　1898年2月15日にハバナ湾で発生した、アメリカ海軍の戦艦メイン号（USS Maine, ACR-1）が白人士官の上陸後に爆発・沈没し、266名の乗員を失った事故。この事故の原因は現在でもわかっていないものの、当時のアメリカメディアが「これはスペインの破壊工作だ」と主張し米西戦争が勃発した。

＊29 **トンキン湾事件**　1964年8月、北ベトナム沖のトンキン湾で北ベトナム軍の哨戒艇がアメリカ海軍の駆逐艦に2発の魚雷を発射したとされる事件。この事件をきっかけにアメリカが北爆を開始、本格的にベトナム戦争に介入することとなった。

＊30 **ＷＨＯ**　１９４８年、すべての人々の健康を増進し保護するため互いに他の国々と協力する目的で設立された国際連合の専門機関。本部をジュネーブに置き、病気の撲滅のための研究、適正な医療・医薬品の普及窓を行っている。

＊31 **白村江の戦い**　６６３年10月に朝鮮半島の白村江（現在の錦江河口付近）で行われた百済復興を目指す倭国・百済遺民の連合軍と唐・新羅連合軍との間の戦争。海上・陸上戦ともに倭国・百済連合軍が破れ、百済復興勢力は崩壊した。

＊32 **元寇**　日本の鎌倉時代中期の１２７４年・１２８１年に、モンゴル帝国（元朝）および属国の高麗によって二度にわたり行われた対日本侵攻。一度目を文永の役、二度目を弘安の役と呼ぶ。神風と呼ばれた台風などの影響もあり、日本軍は二度とも元軍に勝利した。

＊33 **朝鮮戦役**　１５９２年に始まって翌１５９３年に休戦した文禄の役と、１５９７年の講和交渉決裂によって再開されて１５９８年の太閤豊臣秀吉の死をもって日本軍の撤退で終結した慶長の役とを合わせた戦役の総称。戦役後の和平交渉により日本と朝鮮は国交を回復した。

＊34 **日清戦争**　１８９４年７月25日から１８９５年４月17日にかけて日本と清国の間で行われた戦争。日本側の勝利と見なす日清講和条約（下関条約）の調印により終結したが、講和直後の三国干渉により日本は遼東半島を手放すこととなった。

＊35 **産業革命** 18世紀半ばから19世紀にかけて起こった一連の産業の変革と石炭利用によるエネルギー革命、それに伴う社会構造の変革のこと。その中でも特に重要な変革と見なされるのは蒸気機関の開発や製鉄業の成長、綿織物の技術革新である。なかでも蒸気機関の開発は工場制機械工業の成立や交通機関の発展に寄与した。

＊36 **マクデブルクの半球** ゲーリケが行った、直径約60㎝の銅製の半球を合わせて気密にし、真空ポンプで中の空気を抜いた状態にしたうえで引き離す実験。内部が真空状態の半球は引き離すことが困難だったが、中に空気を入れると容易に離れた。

＊37 **自然哲学の数学的諸原理** アイザック・ニュートンの著書で、ニュートン力学体系の解説書。天体の運動や万有引力を数学的に扱っており、「プリンキピア」とも呼ばれる。

＊38 **スタンダード・オイル** 1870年、ジョン・ロックフェラーによって設立されたアメリカの石油会社。買収によってアメリカ合衆国の90％の石油精錬能力を保持していたが、連邦最高裁の解体命令により34の新会社に分割された。

＊39 **国民生活に関する世論調査** 内閣府が、政府の施策に関する意識を把握するため昭和43年度から原則毎年度実施している世論調査。国民の生活に関する意識や要望を種々の観点からとらえ、広く行政一般の基礎資料とすることを目的としている。

＊40　**5G**　第5世代移動通信システムの略称。高速大容量・低遅延・同時多数接続の特性を持った最新の通信規格で、4Gに比べ各性能が10倍良くなるとされている。

＊41　**6G**　第6世代移動通信システムの略称。現在使用されている最先端の技術である5Gを超えると考えられている将来の通信システム。現在の5Gではカバーできない宇宙や海などを含むあらゆる場所での使用が想定されている。

＊42　**ChatGPT**　アメリカのOpenAIによって開発された対話型AIモデルで、大規模言語モデルであるGPTを用いて情報収集、学習し、現在では人間のように会話することができる。

＊43　**ウェアラブル端末**　実際に身に着けて使用する電子機器端末のことで、腕時計型や眼鏡型、指輪型などがある。装着者の健康管理やメッセージの返信、決済や写真撮影などが可能。

＊44　**アップルウォッチ**　Apple社が開発した腕時計型ウェアラブル端末。

＊45　**GPS**　日本語では「全地球測位システム」。アメリカによって運用されている衛星を用いた地球上の現在地を測定するためのシステム。当初アメリカ国防省の軍事プロジェクトとして開始され、現在はカーナビやスマートフォンなど様々な用途に使用されている。

＊46 **4K（映像技術）** カメラやモニターなどの画面解像度を表す言葉の一種で、例えばテレビでは3840×2160の画素数を持ち、従来のテレビの4倍の解像度である。

＊47 **ラッダイト運動** 機械打ちこわし運動とも呼ばれる、1811年から1817年頃、イギリス中・北部の織物工業地帯に起こった機械破壊運動。産業革命による低賃金化、失職、技能職の地位低下などの影響を受けた労働者階級が、資本家階級への抗議として工場の機械を破壊した。

〈著者略歴〉

武田邦彦（たけだ くにひこ）

1943年東京都生まれ。科学者・工学博士。専攻は資源材料工学。東京大学教養学部基礎科学科卒業後、旭化成工業に入社。同社ウラン濃縮研究所所長、芝浦工業大学教授、名古屋大学大学院教授を経て、2007年中部大学総合工学研究所教授、2014年より同特任教授。世界で初めて化学法によるウラン濃縮に成功し、日本原子力学会平和利用特賞を受賞。内閣府原子力委員会および安全委員会専門委員などを歴任。著書に『我が人生 武田邦彦自伝』（青林堂）、『かけがえのない国』（MdNコーポレーション）、『「新型コロナ」「EV・脱炭素」「SDGs」の大ウソ』『歴史の大ウソを打破する日本文明の真実』（以上ビジネス社）、他ベストセラー多数。

「多様性《たようせい》」のまやかし

グローバリズムの危険性《きけんせい》と持続性喪失《じぞくせいそうしつ》の原理《げんり》

■発行日　令和6年11月30日　初版第一刷発行
■著者　武田邦彦《たけだくにひこ》
■発行者　漆原亮太
■発行所　啓文社書房
〒160-0022　東京都新宿区新宿5-7-8　ランザン5ビル5F
電話 03-6709-8872　FAX 03-6709-8873
■発売所　株式会社啓文社

■DTP　株式会社三協美術
■印刷・製本　株式会社 光邦
■ブックデザイン　谷元将泰

ISBN 978-4-89992-091-5　C0030　Printed in Japan